KB244355

거룩한 몸따름

거룩한 목마름

초판 1쇄 찍은 날 · 2008년 12월 1일 | 초판 1쇄 펴낸 날 · 2008년 12월 5일
지은이 · 이철신 | 펴낸이 · 김승태
등록번호 · 제2-1349호(1992. 3. 31.) | 펴낸 곳 · 예영커뮤니케이션
주소 · (136-825) 서울 성북구 성북1동 179-56 | 홈페이지 www.jeyoung.com
출판사업부 · T. (02)766-8931 F. (02)766-8934 e-mail: edit1@jeyoung.com
출판유통사업부 · T. (02)766-7912 F. (02)766-8934 e-mail: sales@jeyoung.com
제작 예영 B&P · T. (02)2249-2506~7

copyright ⓒ 2008, 이철신

ISBN 978-89-8350-498-2 (03230)

값 10,000원

거룩한 목마름

이철신 지음

예영커뮤니케이션

차례

연예인들의 자살이 잇따르고 있습니다. 특히 최근에 자살한 연예인들은 십자가 목걸이를 하고 다니는 기독교인들이었습니다. 더욱 우리의 마음을 아프게 하는 것은 베르테르 효과라고 해서 연예인들을 모방하는 자살이 늘어나고 있다는 것입니다. 기독교 교리적으로 자살이 죄라는 것은 분명합니다. 죄이기 때문에 자살에 대해서 정죄하는 것은 쉽습니다. 그러나 인간 내면의 고통과 고뇌를 이해하고 설명하는 것은 결코 쉬운 일이 아닐 뿐 아니라 그것을 해소해 줄 사람은 세상에 아무도 없습니다.

인간 내면의 고통의 원인에 대하여 성경은 "내가 기근을 땅에 보내리니 양식이 없어 주림이 아니며 물이 없어 갈함이 아니요 여호와의 말씀을 듣지 못한 기갈이라"(암 8:11)고 말씀합니다. 양식도 있고 물도 있지만, 목마르고 배고픕니다. 즉, 육체적으로는 부족한 것이 없지만, 내면이 목마르기 때문에 고통을 겪습니다. 사람은 물질적으로 또는 육체적으로 막다른 골목에 몰렸을 때, 내면이 정리되지 못하기 때문에 절망하고 좌절합니다. 급기야 자신의 생명까지도 포기합니다. 내면이 정리되어 질서가 잡히고 견고하게 되어야 사람은 육체적으로나 물질적으로 어려움을 겪어도 극복할 수 있습니다.

그렇지만 오직 하나님 말씀으로만 영적 건강을 유지할 수 있습니다. 하나님 말씀으로만 내면이 정리되고 질서가 잡힙니다. 하나님 말씀을 읽을 때, 하나님 말씀을 들을 때 성령께서 역사하십니다. 성령께서 역사하시면 말씀 속에서 하나님을 만나게 되고, 하나님의 음성을 듣게 됩니다. 하나님의 말씀이 신앙생활의 유일한 표준임을 알게 되고, 자신의 삶이 표준에서 가까운지, 먼지 깨닫게 됩니다. 그래서 회개도 하고 돌아와 하나님의 말씀으로 지혜를 얻고, 인생의 방향도 찾게 됩니다. 하나님의 말씀 속에서 인생을 살아가는 힘과 희망을 발견합니다.

저자는 목사로서 설교하는 특권을 하나님께 받았습니다. 하나님의 말씀을 찾아서 전달하는 책임을 받았습니다. 특권이지만 무거운 책임입니다. 목사가 전달하는 하나님의 말씀으로 한 사람이 살기도 하고 죽기도 합니다. 저자는 한 생명이라도 살리고, 위로와 희망을 주고, 확신을 주기 위해 열심히 하나님의 말씀을 전달했습니다. 비록 서툴고 거칠었지만, 하나님의 말씀에 충실하려고, 하나님의 말씀에서 벗어나지 않으려고 늘 애썼습니다. 하나님의 말씀을 있는 그대로, 순수한 복음 그대로 전달하려고 힘썼습니다. 회중이 하나님의 말씀을 듣고, 하나님을 만나기를 기대하고 전했습니다.

설교할 때마다 늘 부족함을 느껴 부끄러웠는데, 그것을 다시 책으로 내니 더욱 더 부끄럽습니다. 그러나 하나님의 말씀이 이 책을 통해 전달되어, 독자들의 내적인 굶주림과 목마름이 해소되기를 기대합니다.

이 책을 내기 위해 수고한 영락교회 교역자들과 홍보출판부의 사역자들과 예영 커뮤니케이션의 사역자들에게 감사드립니다. 하나님께서 여러 사역자들의 노고를 위로하시길 바라고, 하나님께서 그 수고를 사용하셔서 한 사람의 생명이라도 구원하시기를 바랍니다.

제1장

다시 회복된 사람

생명의 말씀을 믿은 사람 요한복음 6장 60-71절
사랑이 많은 사람 누가복음 7장 36-50절
거듭난 사람 요한복음 3장 1-15절
섬김을 배운 사람 요한복음 13장 1-15절
다시 회복된 사람 요한복음 21장 15-17절

생명의 말씀을 믿은 사람

언젠가 신문을 보니, '연예인에게 홀린 10대'라는 기사 제목이 눈에 들어왔습니다. 내용인즉 요즘 초등학생들 사이에서 유행처럼 번지고 있는 것이 하나 있는데, 그게 바로 인기 댄스 그룹 멤버의 이름이나 생일 같은 숫자가 나오면, 그 부분만 색연필로 칠하거나 아예 오려 붙여서 책을 다시 만들어 즐기는 것입니다. 어떤 여학생은 팬클럽 활동을 하면서, 자기가 좋아하는 가수의 스케줄을 따라 다니느라 마땅히 학생으로서 해야 할 도리를 하지 못한다고 합니다. 심지어 가수의 숙소 앞에서 새벽 두세 시까지 기다렸다가 돌아오는 학생도 있습니다. 자기가 좋아하는 가수들에게 명품을 선물하기 위해 아르바이트를 마다하지 않는 것이 이제 유행처럼 번졌습니다.

10대들은 그렇다 치더라도 성인들도 예외가 아닙니다. 한류바람이 이는가 싶더니 일본 아줌마늘이 한국에까지 와서 한국 배우들이 영화를 찍었던 촬영지들을 성지 순례하듯 관광을 합니다.

믿지 않는 사람

요즘 시대는 이런 것들이 하나의 문화사조라고까지 말들 하지만 과연 2000년 전에는 어떠했는지 다소 궁금합니다. 말씀을 보니 예수님도 인기가 꽤나 많았는지 따라 다니는 열성팬들이 있었습니다. 예수님께서 오병이어의 기적을 행하셨을 때부터 예수님을 열심히 따라다니는 사람들이 나타나기 시작했습니다. 예수님께서 행하신 표적과 이적들을 보고 그들은 예수님을 붙들고 억지로 왕으로 삼으려고 했습니다. 예수님께서는 왕이 되실 생각이 전혀 없으셨으므로 그들을 피해 산으로 가시거나 바다를 건너 다른 도시로 피하셨습니다. 그럼에도 이 사람들은 얼마나 열심이었는지, 끝까지 예수님을 따라다녔습니다. 정말 극성스러운 열성팬이라 아니할 수 없습니다.

사람들은 이스라엘이 오랫동안 기다려 온 메시야가 나타났다고 생각했습니다. 로마의 식민 지배 하에서 억눌리며 가난하게 살아오면서도 이스라엘을 회복시킬, 기다리던 그 메시야가 나타났다고 좋아했습니다. 예수님이라면 로마 정복자를 유대 땅에서 몰아내고, 하나님께서 아브라함과 이삭과 야곱을 통해 맺으신 언약을 기억하고 다윗에게 약속하신 그 영원한 왕국을 다시 세우리라, 더 이상 굶주리지 않고 풍요하게 살 수 있으리라 생각했습니다. 그들은 예수님께서 5천 명을 먹이신 기적을 보고 확신을 가졌습니다. 그분이 주시는 떡을 먹으면서 바로 이분이라고 확신했습니다. 그래서 그들은 메시야가 통치하는 왕국이 곧 회복된다는 소망을 품고 바다를 건너서까지 예수님을 만나러 온 것입니다.

그런데 예수님은 그들의 기대와는 전혀 다른 말씀을 하셨습니다. 예수님은 자신을 생명의 떡이며, 하늘에서 내려온 떡이라고 하셨습니다. 자기를 믿는 자는 영생을 얻는다고 말씀하실 때, 예수님은 영생을 주기 위해 하늘에서 내려온 하나님의 아들이라고 분명히 말씀하셨습니다. 예수님의 말씀은 한 마디로 그들에게 크나큰 충격이었습니다. 아브라함에게 약속하신 땅에서 다윗의 영원한 보좌에 앉아 통치하실 메시야적인 하나님의 아들이 아니었습니다.

예수님의 긴 설교를 듣고는 무리들은 마음이 흔들리기 시작했습니다. 사람들은 예수님이 요셉의 아들이고 그 부모가 누구인지 다 알고 있었으므로, 자신이 하늘에서 내려왔다고 말씀하시는 예수님을 믿을 수가 없었습니다. 뿐만 아니라 예수님 자신이 생명의 떡이고 이 떡을 먹으면 영생한다고 말씀하실 때에는, 자기 살을 먹게 하는 것은 있을 수 없는 일이라며 사람들은 흥분하기 시작했습니다. 무리들은 예수님께서 하신 말씀을 이해하지 못했습니다. 예수님께서 주의 만찬을 염두에 두고 하신 말씀인데 문자 그대로 받아들인 그들은 있을 수 없는 일이라며 의심하기 시작했습니다.

따라온 무리들은 예수님께서 정치적인 메시야가 아니라는 것을 알고 실망했습니다. 그들은 예수님께서 생명의 떡이고, 이 떡을 먹으면 영생한다는 말씀을 전혀 이해하지 못했습니다. 그들은 단지 기적을 보고, 떡을 먹었으니 곧 유대 땅에 왕국이 회복되리라고 믿었습니다. 그래서 예수님을 찾아온 것은 그런 것을 얻으리라는 기대 때문이었는데 그런 인간적인 희망과 기대는 곧 산산이 깨지고 말았습니다. 그때부터 사람들은 실망을 하고 예수님을 떠났습니다.

‘라이스 크리스천’(Rice Christian)이라는 선교 용어가 있습니다. 선교지에서 흔히 보는 일로 가난한 사람들에게 쌀이나 옷 등을 나누어 주면 사람들이 교회를 나옵니다. 이런 사람들을 라이스 크리스천이라고 합니다. 한국전쟁 때에도 많은 사람들이 구제물자를 얻으려고 교회를 나왔습니다. 마치 성탄절에 빵을 얻어먹으려고 교회에 나오는 아이들이 많이 있었듯이 오늘날도 병 치유, 물질 축복을 얻으려고 교회를 나오는 사람들이 있습니다. 그렇게 시작을 했지만, 믿음이 들어가서 신앙생활을 잘 하는 분들도 계십니다. 그런데 어떤 사람들은 교회 다녀도 병이 치유되지 않는다, 물질 축복이 없어서 교회 다닐 필요가 없다 하면서 교회를 떠납니다. 왜 그럴까요? 이는 사람들이 교회를 다니고 신앙생활을 하는 궁극적이고 본질적인 목적을 오해했기 때문입니다. 신앙의 본질을 깨닫지 못하는 사람은 그들이 원하는 육신적인 다른 것이 채워지지 않는다면 교회를 떠나가게 마련입니다.

예수님을 멀리까지 찾아온 무리들 또한 예수님의 말씀을 이해할 수 없었습니다. 그래서 그들은 예수님을 떠났습니다. 예수님께서 생명의 떡이라고 말씀하시고, 그 떡을 먹어야 영생을 얻는다고 하시니 그들의 이성으로는 예수님의 말씀을 도무지 이해할 수가 없었던 것입니다.

토마스 머튼은 「묵상의 능력」에서 사람들이 예수님을 찾아왔다가 하나님께서 강한 빛을 비추시자 그 강한 빛에 눈이 멀어 어둡게 되었다고 말하고 있습니다. 우리가 해를 잠깐이라도 쳐다보면, 갑자기 눈앞이 새까맣게 되는 것같이 하나님께서 강한 빛을 비추사 사람들이 눈이 멀고 어둡게 되어 예수님의 말씀을 잘 깨닫지 못하고 떠났다는 의미입니다. 그들은 불확실한 믿음을 갖기보다는 눈으로 직접 보기를 원했습니다.

그들은 맹목적으로 믿고 따라가기보다는 자기가 어디로 가는지 목표를 정확히 알기 원했습니다. 그들은 자기 마음과 자기 뜻과 자기 결정대로 하고자 했습니다. 그들은 자신의 인생만큼은 스스로 자신이 길잡이가 되어야 한다고 믿었습니다. 예수님께서 영생에 대해 말씀하셨을 때, 예수님의 말씀을 믿고 의지하기보다는 자기 이성과 지성을 더 의지했습니다. 자기 이성으로는 도무지 깨닫지 못하니까 믿을 수 없다며 예수님을 떠났습니다. 그들은 예수님이 아니라 자기의 이성을 선택했습니다. 그들은 환호하면서 열성적으로 따라왔지만, 자신들의 필요를 채울 수 없음을 알자 미련 없이 예수님을 떠나갔습니다.

믿는 사람

이 무리들과는 달리 예수님을 따르던 두 번째 부류의 사람들은 바로 예수님의 제자들이었습니다. 제자들은 첫 번째 부류의 사람들과는 달리 전혀 다른 태도를 취했습니다. 예수님께서 열두 제자들에게 질문하셨습니다. "너희도 가려느냐?" 이 말씀은 열두 제자들에게 선택할 수 있는 기회를 주신 것입니다. 그때 제자들의 태도는 분명했습니다. 제자들을 대표해서 베드로가 고백했습니다.

> 시몬 베드로가 대답하되 주여 영생의 말씀이 주께 있사오니 우리가 누구에게로 가오리이까. 우리가 주는 하나님의 거룩하신 자이신 줄 믿고 알았사옵나이다(요 6:68-69)

그들은 예수님의 말씀을 영생의 말씀으로 분명히 믿었으므로 예수님을 따라 가겠다고 고백했습니다. 예수님께서 영생에 이르는 길이고, 예수님만이 영생을 나누어 주실 분인 줄 믿었습니다. 즉, 예수님 말씀은 영생에 이르는 말씀으로, 그 말씀을 믿고 그대로 따르면 영생을 얻게 된다는 사실을 제자들은 분명히 믿었습니다. 다른 선택의 여지가 없었습니다. 오직 예수님만 믿고 따라가기로 한 것입니다.

또한 제자들은 예수님께서 하나님의 거룩하신 자이신 줄 알고 믿었습니다. 예수님께서는 하나님의 아들이시고, 하나님께서 보내신 분이라는 것을 분명히 믿었습니다. 인간과는 전혀 차원이 다른 분으로 인간이 감히 쳐다볼 수 없고, 가까이 갈 수도 없으며, 인간의 이해를 초월하신 존귀한 분임을 깨달았습니다. 그래서 제자들은 예수님을 믿고 따르기로 선택했습니다.

물론 열두 제자들이 예수님의 존재를 온전히 이해한 것은 아니었습니다. 아직은 영적인 수준이 낮았으므로 예수님과 그분의 말씀을 충분히 이해하고 확실하게 파악하지는 못했습니다. 그렇지만 예수님께서 하나님의 아들이시며 예수님의 말씀이 진리라는 사실을 순수하게 받아들였습니다. 단순하게 진리와 영생을 선택한 것입니다.

나중에 그들이 예수님의 십자가와 부활과 성령 강림을 모두 체험하고 나서야 창세 이래로 하나님께서 우리 인간들을 위해 예비하셨던 그분의 풍성한 은혜와 모든 계획을 더 완전하게 이해할 수 있었습니다. 말씀을 통해 본 제자들은 예수님에 대해 아직 완전히 이해한 것은 아니었지만, 예수님의 말씀이 진리이며 영생으로 가는 길이라는 단순한 믿음을 가지고 그 길을 선택했습니다.

예를 들어 사람이 병이 들면 의사 선생님을 찾아가 진찰을 받고 엑스레이도 찍습니다. 그런 후 의사 선생님이 엑스레이 필름을 걸어놓고 전문용어로 설명하면서 수술이 필요하다고 진단을 내립니다. 환자는 병명에 대해 설명을 듣지만 전문용어라 알아들을 수가 없습니다. 물어보면 설명을 해 주는데도 설명이 더 어렵게 느껴집니다. 그래서 결론이 무엇이냐고 다시 물으면, 지금 상태가 많이 안 좋으니 빨리 수술을 해야 한다고 말합니다. 그러면 우리는 어떻게 합니까? 우리는 의사의 말을 온전히 이해할 수 없지만 수술을 해야 생명을 건지고 병이 낫는다는 사실만 전적으로 믿고 따라갑니다. 만약 우리가 의사의 전문용어와 수술과정 등을 완전히 이해하고 충분히 파악한 다음에 선택하려 한다면, 수술할 시기를 놓쳐버려 건강을 잃거나 생명을 잃을 수도 있습니다.

우리에게는 열두 제자들과 같이 단순한 믿음이 필요합니다. 제자들은 예수님의 말씀을 완벽하게 이해하지는 못했지만, 그 말씀이 진리이며 영생을 얻는 길임을 단순하게 믿고 따랐습니다. 우리의 신앙도 이와 같이 진리를 순수하게 믿어야 합니다. 비록 예수님에 대해서, 그리고 그분의 섭리를 완벽하게 이해하지 못하더라도 예수님께서 하나님의 아들이시며 나에게 영생을 주시는 분이시라는 진리를 순수한 마음으로 믿어야 합니다.

열두 제자는 이렇게 믿음으로 예수님을 따라갔습니다. 그런데 예수님께서 슬픈 말씀을 하셨습니다. 열두 명밖에 안 되는 적은 사람들 중에 한 사람이 자기를 배신할 것이라고 말씀하셨습니다. 예수님께서는 가룟 유다를 염두에 두고 앞으로 일어날 일을 예고하셨던 것입니다.

가룟 유다도 예수님을 정치적인 메시야로 알고 따랐습니다. 그도 예수님께서 자기 민족을 구원하실 분으로 믿었습니다. 그뿐만 아니라 그분께서 다윗의 보좌에 앉아 왕국을 통치할 세상이 오면, 자기도 크게 출세하리라는 기대를 가졌습니다. 그런데 예수님의 말씀을 들어보니까 예수님께서는 정치적인 메시야가 아닌 것 같았습니다. 지금까지 기대했던 모든 것이 무너져 버린 것입니다. 희망과 기대가 깨진 많은 사람들이 예수님을 떠났던 것처럼 가룟 유다도 떠나야 했습니다.

그렇지만 가룟 유다는 예수님 옆에 남기로 작정했습니다. 열두 명의 공동체 안에 있다 보면, 어떤 이득이 있지 않을까 하는 흑심이 생겼던 것입니다. 그는 성실한 모습으로 일했기 때문에 다른 사람들에게 신임을 얻었습니다. 그래서 공동체의 회계로 돈궤를 맡았습니다. 그리고는 표 나지 않게 조금씩 조금씩 도둑질해 갔습니다. 그러다가 마지막에 사탄이 그의 속에 들어가자 결정적으로 은 삼십에 예수님을 팔아 넘겼으니 탐욕에 눈이 어두워 예수님을 배신한 것입니다.

가룟 유다는 믿음이 있어 예수님과 함께 있기로 한 것이 아니라 자기 탐욕을 채우기 위해 예수님 옆에 있었던 것입니다. 그는 믿음을 버리고 돈과 자기 탐욕을 선택했습니다.

오늘 날에도 교회 안에는 믿음으로 교회를 나오는 사람들도 있지만, 자기 탐욕을 채우기 위해 다니는 사람들도 있습니다. 그래서 사도 바울이나 베드로는 교회 지도자가 "더러운 이를 탐하지 않는 사람이어야 합니다"고 가르쳤습니다(딤전 3:8, 벧전 5:2). 물질과 명예에 대한 탐심이 더러운 것이라는 말씀입니다. 교회 돈을 도둑질하거나 교인들을 상대로 자기 돈벌이를 해서는 안 됩니다. 자기 이름을 드러내려고 하거나 교회에 사람들이 많이 오니까 그것을 돈벌이 수단으로 악용하는 사람들이 있습니다. 예수님은 이런 사람을 마귀라고 말씀하셨습니다. 교회 공동체를 파괴하고 다른 사람의 신앙을 낙심시키고 약하게 만들기 때문에 마귀라고 말씀하셨습니다.

다시 한 번 말씀을 돌아보자면, 예수님을 만나러 온 사람들에는 세 부류의 사람들이 있었습니다. 첫 번째 사람들은 떡을 구하고, 자기 이성을 의지하는 사람들입니다. 표적과 떡을 얻기 위해 자기 이성을 선택한 사람들은 예수님을 믿을 수가 없어 그분을 다 떠났습니다. 두 번째 부류는 가룟 유다로, 그는 돈과 권력을 선택했습니다. 예수님 옆에 있기는 했지만 마귀의 길을 걸어간 사람이었습니다. 세 번째 부류는 다른 열한 제자들로, 그들은 믿음을 선택했습니다. 예수님의 생명의 말씀을 완벽하게 이해하지는 못했지만, 그 진리의 말씀을 단순하게 믿음으로 받아들이고 순종하며 따라갔습니다.

우리는 우리가 취한 믿음의 선택을 다시 한 번 돌아보아야 합니다. 정말 내가 예수 그리스도를 믿고 있는가, 그렇다면 정말 그분의 말씀에 합당하게 믿음으로 살아가고 있는가 살펴보아야 합니다. 예수님을 믿지 않고 떠나간 사람들은 멸망하게 됩니다. 어린양의 진노가 그들 머리 위에 있으므로 그것이 그들에게 주어진 길입니다. 예수님 옆에 있기는 하지만, 마귀의 길을 걸어가기로 선택하는 사람도 멸망할 수밖에 없습니다. 예수님께서는 가룟 유다를 마귀라고 하셨고 그는 자기가 가야 할 제 곳으로 갔습니다. 제자들과 같이 예수님께서 하신 생명의 말씀을 단순하게 믿고 받아들인 사람만이 영원한 생명을 얻습니다. 당신은 어느 길을 선택하시겠습니까? 여기에 세 부류의 사람들이 있습니다. 당신이 취할 믿음의 선택이 무엇인지를 돌아보는 귀한 하루가 되기를 바랍니다.

사랑이 많은 사람

(누가복음 7장 36-50절)

이번에 제가 선교부와 함께 세 가지 행사를 가졌습니다. 첫 번째 가장 중요한 행사는 영국에서 치른 통일신학 컨퍼런스입니다. 한국에서도 몇 분의 신학자들이 가셨고, 독일, 미국, 영국, 북아일랜드, 중국, 인도 등지에서 신학자들이 오셔서 다양한 발제들을 내놓았습니다. 갈등과 분쟁이 일어나는 지역의 상황과 경험들을 소개하고, 그 속에서 어떻게 평화와 화해를 이룰 것인가에 대해 진지하게 토론하는 매우 유익한 시간이었습니다.

저는 첫 번째로 이야기할 때에, 우리 한경직 목사님과 영락교회를 소개하는 시간을 가졌습니다. 예수님께서 원수를 사랑하라고 말씀하셨는데, 원수 사랑을 우리가 어떻게 실천하고 있는지, 그런 경험을 나누었습니다. 한 목사님과 마찬가지로 우리 성도님들도 공산주의의 핍박 아래서 신앙의 자유를 찾아 남쪽으로 피난을 오셨는데, 가족도 잃고 재산도 잃는 말할 수 없는 고난 속에서, 예수님의 원수 사랑의 정신을 잃지 않고, 지금 굶주리고 병든 동포들을 위해 돕고 있는 우리의 사역을 말씀드리면서 교회 소개하는 시간을 가졌습니다. 영락교회가 하는 사역들을 동영상으로 같이 보면서 영락교회와 한국 교회의 이해를 넓히는 데에 매우 유익한 시간을 가졌던 것 같습니다.

예수님께서 바리새인의 초청을 받아 그 집에 가셨습니다. 예수님과 바리새인과는 사이가 좋지 않았으므로 바리새인이 예수님을 초청했다는 그 자체가 참으로 이례적인 사건이 아닐 수 없습니다. 누가복음 7장에서 바리새인 가운데 한 사람이 예수님을 자기 집에 초청했습니다. 이 시대에 비추어 보아 그집 분위를 한번 살펴보겠습니다. 그곳은 사회 지도층의 집입니다. 점잖은 사람들, 공부를 많이 한 유식한 사람들, 교양 있는 사람들이 모여 있는 집입니다. 그렇지만 예수님께서는 흔쾌히 초청에 응하시고 그 집으로 가셨습니다.

그런데 그 집에 뜻밖의 사람이 찾아왔습니다. 사회적으로 죄인이라고 지목받는 한 여성이 찾아온 것입니다. 초대를 받지 않았으니 불청객이었으며 바리새인의 집에는 감히 들어올 수 없는 사람이었습니다. 바리새인의 집 분위기와는 전혀 어울리지 않는 사람이 그 집에 나타난 것입니다. 이 여인의 이름은 막달라 마리아로 일곱 귀신이 들렸던 사람이었습니다. 타인들로부터 죄인이라고 냉대를 받았는데, 그런 여자가 분위기에 어울리지 않게 불쑥 나타났으니 사람들의 눈총이야 이루 말할 수 없었습니다.

더욱 당황스러운 일은 그 여인이 예수님께 가까이 와서 발 곁에서 울었습니다. 눈물을 예수님 발에 떨어뜨리고는 머리털로 그 눈물을 씻어내면서, 그 발에 입을 맞추고 머리에 향유를 부었습니다. 아마 회개의 눈물을 흘렸을 것입니다.

사람이 예수님을 만나면 제일 먼저 자기가 죄인이란 사실을 깨닫게 됩니다. 완전하신 예수님 앞에 서면, 자신이 죄인이라는 사실을 깨닫게 되고, 회개하고 눈물을 흘립니다. 그런 회개의 과정이 지나고 나면 우리 마음에 기쁨과 평안이 찾아옵니다.

예기치 않은 자리에, 예기치 않은 사람이 갑자기 나타나 그런 일을 벌였으니 예수님께서 얼마나 당황하셨겠습니까? 사람들이라면 당황해서 어떤 조치를 취했을 텐데 예수님께서는 그냥 용인하셨습니다. 이런 모습을 보고, 한 바리새인이 마음속으로 예수님은 선지자가 아니라고 판단했습니다. 선지자

라면 자기 앞에 와서 눈물을 쏟고, 자기 발을 만지는 저 사람이 어떤 여자인
지 벌써 알아채야 했는데, 그냥 내버려두는 것을 보니 판단력과 예지력이 부
족하므로 선지자일 리가 없다고 생각했습니다.

사람마다 자기 나름대로의 판단 기준은 있습니다. 우리는 자기 판단 기준
을 가지고 사람을 판단하거나 상황을 헤아려 봅니다. 솔직히 사람들은 자기
판단 기준이 합리적이고 상식적인가는 별로 중요하게 생각지 않습니다. 이
바리새인도 자기 나름대로 갖고 있는 기준을 가지고 예수님을 판단했습니
다. 그것도 비판하는 마음을 가지고 판단한 것입니다.

예수님께서 바리새인의 마음을 아시고 비유로 말씀하셨습니다. 빚을 많이
진 사람과 적게 진 사람이 똑같이 탕감 받았을 때에, 누가 더 감사하겠느냐?
누가 더 사랑하는 마음을 갖게 되겠느냐? 많이 탕감 받은 사람이 더욱 많이
감사하는 것이 일반적인 상식이 아니겠느냐? 예수님의 말씀에 바리새인도
동의했습니다.

이윽고 예수님께서는 바리새인과 여인의 행동을 비교하면서 말씀하셨습
니다. 바리새인은 예수님을 초청한 집 주인입니다. 집 주인으로서 손님을 초
청했으면 마땅히 거기에 합당한 대접을 했어야 했습니다. 그러나 바리새인
은 손님을 초청해 놓고도 기본적으로 해야 할 일을 하지 않았습니다. 손님을
초청했으면, 제일 먼저 입맞춤을 했어야 합니다. 이것은 기본적인 인사입니
다. 남자들끼리도 뺨을 맞추며 인사를 합니다. 뿐만 아니라 손님을 초청해
놓고 손과 발을 씻을 물도 내놓지 않았습니다. 손님을 초청했으면, 감람유도
발라야 하는데 그것도 하지 않았습니다. 예수님을 손님으로 초청해 놓고 홀
대를 한 것입니다. 한 마디로 바리새인은 예수님을 무례하게 대접했습니다.
왜 그랬을까요? 바리새인은 스스로 의인이라 생각했기 때문입니다. 교만한
그는 예수님을 자기보다 사회적으로 낮은 지위로 본 것입니다.

여인은 바리새인과는 전혀 달랐습니다. 사회로부터 버림받아 죄인이라고 지목받는 여인입니다. 사실 그 여인은 집주인도 아니며 손님을 대접할 의무도 없는 사람입니다. 그럼에도 불구하고 향유로 예수님을 극진하게 대접했습니다. 대접이 너무 과하다 보니 주위의 눈총도 있었겠지만, 여인은 개의치 않았습니다. 왜 그랬을까요? 자기가 죄인이라는 사실을 절실하게 깨달았기 때문입니다.

이에 대해 예수님께서는 47절에 "그의 많은 죄가 사하여졌도다 이는 그의 사랑함이 많음이라"라고 말씀하셨습니다. 죄인이라는 것을 스스로 알고 자기 죄사함을 받은 감격에 예수님에 대한 사랑이 마음에서 일어난 것입니다. 예수님으로부터 받은 사랑 때문에 여인은 그분을 정성을 다해 환대했습니다. 예수님께서는 어떻게 하셨습니까? 예수님께서는 이미 죄사함 받은 확신을 가지고 감사로 사랑을 표현하는 그 여인에게 "네 죄사함을 받았느니라"라고 선포하셨습니다.

그 여인뿐만 아니라 동일하게 예수님을 구주로 영접한 우리들에게도 예수님은 이와 같이 선포하셨습니다. 예수님은 죄인을 사랑하시는 분입니다. 예수님께서 육신을 입고 이 땅에 오심은 세상을 사랑하기 때문에 이 땅에 오신 것입니다. 우리의 죄를 사해 주시기 위해 하나님께서 육신을 입고 이 땅에 오신 것입니다. 그래서 모든 사람들이 죄인이라고 정의한 그 여인의 죄를 사해 주셨고, 상식에 어긋난 그 여인의 행동을 그대로 다 받아주셨습니다. 예수 그리스도께서는 돌이킨 죄인을 사랑하시므로 다 용납해 주신 것입니다.

미국에 닐 앤더슨이라는 신학자가 있습니다. 영적전쟁에서 우리 그리스도인들이 어떻게 승리할 것인가에 관한 책도 많이 쓰고 강연도 많이 하는 분입니다. 어느 날 그분에게 한 여인이 찾아왔습니다. 인생을 살아가면서 너무나 많이 실패를 경험했기에 세 번이나 자살을 기도했던 여인입니다. 그 여인이

닐 앤더슨을 찾아와서 흐느껴 울면서 이야기했습니다. "저는 실패자고, 쓰레기 같은 인생입니다. 그런데 저 같은 사람도 하나님께서 사랑하실까요?" 앤더슨 목사는 이렇게 대답했습니다. "물론 사랑하십니다. 당신이 사랑을 받을 만하기 때문이 아니라 하나님의 성품이 사랑이기 때문에 사랑합니다." 그럼에도 불구하고 여인이 "그러나 저는 여러 가지 잘못과 실수를 할 때에 하나님이 저를 사랑하신다는 생각이 들지 않습니다."하자 앤더슨은 "느낌을 믿지 마십시오. 느낌과 감정을 믿는 것이 아니라, 하나님께서는 그의 자녀들이 잘 하고 있든지, 잘못하고 있든지 언제나 사랑하신다는 사실을 믿으십시오."라고 말했습니다. 그래도 여인은, "저는 자살을 세 번이나 기도했습니다. 그런 저를 하나님께서 정말 용서하실까요?"하자 앤더슨은 비유를 들어서 설명했습니다. "만약 당신의 아들이 자살을 기도했다고 생각해 보십시오. 그러면 당신은 더 이상 그 아들을 사랑하지 않으시겠습니까? 내쫓아 버리시겠습니까? 그렇지 않을 것입니다. 그 아들을 불쌍히 여겨 더욱 사랑할 것입니다. 그렇다면 불완전한 인간인 당신도 그 아들을 사랑하는데, 온전하신 하나님께서 하나님의 자녀를 사랑하지 아니하시겠습니까?"

예수님께서는 자격 있는 자만 사랑하지 아니하십니다. 인간적인 관점에서 자격을 굳이 따진다면, 아마도 바리새인들이 훨씬 더 자격이 있을 것입니다. 그러나 예수님은 죄인도 사랑하십니다. 회개하는 죄인, 인생살이에 지쳐버린 죄인, 절망에 빠져 있는 사람, 실패로 낮아진 사람, 그런 사람들을 우리 예수님께서는 사랑하십니다.

그 여인은 예수님께로부터 죄사함을 받아 감사와 감격이 넘쳤습니다. 예수님으로부터 큰 사랑을 받았다는 사실에 사랑하는 마음이 생겼습니다. 예수님을 사랑하니 주위의 눈총이나 관습, 상식에 개의치 않고, 예수님께 최선을 다해 헌신했습니다. 죄사함 받은 감사, 구원받은 감격, 예수님의 사랑을 받은 감사와 감격이 사랑으로 표현된 것입니다.

예수님을 사랑하는 마음에서 우러나와야 진정한 헌신입니다. 우리가 교회에서 여러 가지 봉사를 하지만, 그 봉사하는 데에는 분명한 동기가 있어야 합니다. 자기 열심으로 봉사하면 시험 들기 쉽고 기쁨이 없으므로 얼마 가지 못합니다. 봉사는 예수님을 사랑하는 마음으로 해야 기쁨이 생기며, 교회에 덕이 되고 자기 신앙에도 유익이 됩니다. 사랑하는 마음이 먼저입니다. 일은 나중입니다. 우리가 하는 일에 분명한 동기가 사랑이어야 합니다.

예수님께서 그 여인의 죄를 사해 주심으로 여인에게 평안을 선포했습니다. 예수님이 죄인에게 죄사함을 선포하자 주위 사람들의 반응은 떨떠름했습니다. 그러나 예수님께서는 분위기에 전혀 개의치 않으시고 죄사함과 평안을 선포하셨습니다. 예수님께서 여인에게 "네 믿음이 너를 구원하였으니 평안히 가라"고 말씀하셨습니다. 예수님께서는 우리의 죄와 허물을 용서하시고 용납하십니다. 구원받았음을 다시 확인해 주시면서 평안히 가라고 격려하시고 세상으로 다시 우리를 보내십니다.

말씀에 예수님을 만난 사람은 두 사람이었습니다. 두 사람이 예수님을 만났지만, 진정으로 예수님을 만난 사람은 한 사람밖에 없었습니다. 예수님을 만난 사람 가운데 한 사람은 자칭 의인이었습니다. 스스로 의인이었기 때문에 사랑은 없고 판단과 정죄만 가득 했습니다. 사랑이 없고 판단과 정죄만 있으면, 예수님을 만나긴 했으나 예수님과 사랑의 관계가 형성되지 못한 사람입니다. 예수님을 진정으로 만난 사람은 예수님 앞에서 자신이 죄인임을 깨닫습니다. 예수님이 주신 구원의 은혜로 말미암아 죄인은 더욱 더 예수님을 사랑하게 됩니다. 그리하여 예수님과 영원한 사랑의 관계가 형성됩니다.

우리 구주되신 예수님을 만나고 예수님과 사랑의 관계를 갖기 원하십니까? 그렇다면 그분 앞에서 먼저 죄인임을 고백하시기 바랍니다. 그분 앞에서 우리가 죄인임을 고백할 때 예수님께서 우리의 모든 죄를 사해 주시고 우리를 자녀 삼아 주십니다. 그럼으로써 우리는 하나님의 자녀로서 예수님의 사랑을 받게 됩니다. 예수님의 그 놀라운 사랑을 맛보기 원하십니까? 겸손한 마음으로 주님 앞으로 나오시기 바랍니다. 그리하며 내 죄가 아무리 클지라도 그분의 사랑이 허다한 모든 죄를 용서해 주시고, 우리의 아픔을 씻어주실 것입니다.

거듭난 사람
(요한복음 3장 1-15절)

니고데모는 당시에 완전한 유대인이었습니다. 그는 바리새인이자 율법을 체계적으로 공부한 사람으로서 율법의 전문가였고 율법을 가르치는 사람이었습니다. 니고데모는 당대 최고의 지식인으로 모든 사람들로부터 존경받는 율법 선생이었습니다. 그는 삶을 통해 율법을 철저히 지킴으로 사람들에게 본을 보인 시대의 스승이었습니다. 다시 말해서 지적으로나 도덕적으로 높은 위치에 있는 사람이요, 사회에 강력한 영향을 끼쳤던 지도층이었습니다.

게다가 유대 산헤드린 공회의 의원이었습니다. 산헤드린 공회의 의원은 70명입니다. 특별한 정치적인 권력은 없었지만 로마 식민 지배 아래에 있었기 때문에 유대인으로서는 가장 정치적 지도자가 바로 산헤드린 공회 의원들이었습니다. 한 마디로 니고데모는 지위가 높은 사람이었습니다. 그는 유대 종교의 지도자이면서 동시에 정치적인 지도자였습니다. 사람들에게 존경받는 지도자이면서 동시에 권력을 가진 지도자였습니다. 그 당시 유대인 중에 최정상에 올라 있는 지도자였던 것입니다.

니고데모는 성전에서 예수님을 보았습니다. 요한복음 2장에는 예수님께서 성전을 청결케 하시는 장면이 나옵니다. 어느 날, 분노한 젊은이가 채찍으로 성전 안에 있는 양이나 소를 내쫓고, 환전 상인들의 돈을 쏟고 상을 엎는 것을 보았습니다. 그리고 "내 아버지의 집으로 장사하는 집을 만들지 말라(요 2:16)"는 예수님의 외침을 들었습니다.

그 당시 성전에서 가축을 팔고 돈을 환전하는 일은 시대의 관행이었습니다. 성전의 권력 있는 제사장들은 상인들과 결탁하여 그들로부터 들어오는 돈으로 성전의 경제적인 수입을 얻었습니다. 소위 누이 좋고 매부 좋은 일이라, 제사장들에게도 상인들에게도 좋은 일이었습니다. 이런 일이 잘못되었다는 것을 알면서도 어느 누구도 그것을 제지하지 않았습니다. 니고데모도 권력도 있고 존경도 받는 지도자였지만, 잘못된 일을 제지할 용기가 없었습니다. 사람들이 모두 그렇게 눈을 감고 귀를 막고 지냈던 것입니다.

그런데 갈릴리 시골에서 온 젊은이가, 그것도 체계적인 율법 교육도 받지 못한 젊은이가, 사회적인 지위와 배경도 전혀 없는 젊은이가 용기 있게 성전을 정화시킨 것입니다. 니고데모가 보니 그 젊은이에게는 하나님에 대한 확신이 있었을 뿐만 아니라 세상의 권력에 대항하여 담대함과 용기가 있었습니다. 니고데모 자신에게는 없는 확신, 담대함, 열정을 그 젊은이에게서 보았습니다. 게다가 니고데모는 예수님께서 행하신 표적들을 보았습니다. 말로만 가르친 것이 아니라, 증거들도 많이 나타난 것입니다. 니고데모는 자기는 무기력한 종교인이었고, 예수님은 능력 있는 진리의 선포자임을 알고 자신의 영적인 상태를 돌아보았습니다. 자신의 종교에는 생명력이 없다는 것을 인정하지 않을 수 없었던 것입니다.

어느 날, 니고데모는 밤에 예수님을 찾아갔습니다. 당대 최고의 지식인이고 존경받는 율법학자이며 권력을 가진 고위 정치가가, 시골에서 올라 온 무식하고 사회적 지위도 없는 젊은이를 찾아가 만난다는 것이 남들 이목에 조심스러웠습니다. 남들이 알면 체면이 손상되는 일이었습니다. 그렇지만 니고데모는 개인적으로 예수님을 만나고 싶었습니다. 예수님이 가지고 있는 확신과 생명력과 열정이 어디서 온 것인지, 그리고 어떻게 그것을 얻을 수 있는지 알고 싶었습니다. 니고데모는 성실하게 오랫동안 종교생활을 잘 해 왔지만 확신이 없었기 때문에 갈등하고 영적으로 방황하였습니다. 영적인 생명력이 없고, 무기력하기 때문에 니고데모는 그것을 청산하고 싶은 갈급한 마음이 생겼습니다. 그래서 배우고자 하는 겸손한 마음으로 예수님을 찾아와 만났습니다. 예수님을 찾아가는 그의 모습은 이미 낮은 자였습니다. 예수님께서 하나님께로부터 오신 선생님인 것을 인정하고 배우기 위해 찾아온 것입니다.

거듭남의 의미

니고데모가 예수님께로 오자 예수님께서는 니고데모를 보고 그의 영적인 상태를 진단하셨습니다. 그가 많은 율법 지식을 가지고 있었음에도 거듭나지 못했다는 것을 알았습니다. 율법을 철저히 준수하고 종교생활을 성실하게 하고 있지만, 아직 그의 혼이 거듭나지 못한 것을 아셨습니다.

예수님께서 니고데모에게 말씀하셨습니다. "사람이 거듭나지 아니하면 하나님의 나라를 볼 수 없느니라(요 3:3)", "예수께서 대답하시되 진실로 진실로 네게 이르노니 사람이 물과 성령으로 나지 아니하면 하나님 나라에 들어갈 수 없느니라(요 3:5)" 예수님께서 하신 말씀은 사람이 거듭나지 아니하면 하나님의 나라를 볼 수 없다는 단순하고 짧막한 진리였습니다.

예수님께서는 그에게 '유대인이라는 민족, 인종적인 혈통으로 하나님 나라에 들어가는 것이 아니다. 율법을 잘 지키고, 종교적인 규범과 규칙을 잘 지키고, 종교생활을 잘 한다고 해서 하나님 나라에 들어가는 것이 아니다. 도덕적으로 흠이 없다고 하나님 나라에 들어가는 것이 아니다. 육신적으로 흠이 없이 완전하다고 해서 하나님 나라에 들어가는 것이 아니다. 거듭나야 하나님 나라에 들어간다.'는 단순하고도 간단한 진리를 말씀하셨습니다.

니고데모가 예수님의 말씀을 들었을 때도 아마 마음에 들지 않았을 것입니다. 유대인의 혈통이라 해서 하나님 나라 들어가는 것이 아니고, 율법을 잘 지킨다고 해서 하나님 나라에 들어가는 것이 아니라 거듭나야 하나님 나라에 들어간다는 이야기를 들었을 때, 니고데모는 예수님의 말씀이 마음에 그리 내키지 않았을 것입니다. 그러나 그것은 우리 인간의 기분 문제가 아니라 엄연한 진리인 것입니다.

거듭난다는 의미는 무엇일까요? 그것은 하나님으로부터 다시 태어난다는 것입니다. 그것은 물과 성령으로 다시 태어나는 것입니다. 어머니의 태에서 태어나는 것이 육체적인 출생입니다. 이 첫 번째 출생이 바로 물로 태어나는 것을 말합니다. 이때 우리는 육체적인 생명으로 삶을 시작하여 세상과의 관계에서, 그리고 사람들과의 관계 속에서 반응하며 살아갑니다.

그런데 거듭난다는 것은 성령으로 다시 태어나는 것을 말합니다. 성령께서 우리 죄를 생각나게 하시고 회개하게 하십니다. 하나님과의 관계에서 말할 수 없이 큰 죄, 불순종과 반항의 죄를 지은 존재임을 깨닫게 해 주십니다. 회개하면 말씀에 의하여 내가 예수 그리스도의 십자가로 구원받았다는 사실을 확신하게 됩니다. 그럼으로써 하나님과의 관계가 바르게 됩니다.

하나님과 바른 관계에 놓이면 그 사람은 하나님께 대해서 바르게 반응하고 행동합니다. 하나님을 신뢰하고, 전적으로 의지하고, 전적으로 순종합니다. 이는 영적으로 전혀 새로운 사람이 된다는 의미입니다. 옛 것은 지나가고 전혀 새로운 피조물로 되는 것이 바로 거듭남의 의미입니다.

달라스 윌라드(Dallas Willard)라고 하는 영성 신학자가 있습니다. 그분은 미국의 일반 대학의 철학 교수입니다. 그분이 쓴 『하나님의 음성』이란 책에서 그는 거듭나는 것을 하나님께서 추가적 차원의 생명을 주시는 것으로 말합니다. 육체적인 출생 외에 성령으로 추가적인 출생을 다시 얻게 되는 것이 거듭나는 것이라고 합니다. 육체적인 출생만으로는 하나님의 역사를 알아볼 수 없고, 하나님 나라를 볼 수 없습니다. 성령으로 거듭나는 추가적 출생이 있어야 영적으로 필요한 기능과 능력을 갖게 되고, 하나님의 역사와 하나님 나라를 볼 수 있습니다. 즉, 거듭나야 영적인 기능과 능력을 가지게 된다는 의미입니다.

고양이를 예로 들어 설명하기를, 고양이가 털실뭉치를 공처럼 가지고 놀지만 고양이는 그 털실로 장갑이나 스웨터를 만든다는 것은 상상도 할 수 없습니다. 고양이에게 시집을 주어도, 그 시집을 깔고 앉거나 가지고 놀기는 하지만, 그 시를 낭독하고 감상할 수는 없습니다. 고양이에게 그런 기능과 능력이 없기 때문입니다. 마찬가지로 육체적인 출생만으로는 영적인 기능과 능력을 가지지 못하기 때문에 하나님의 역사와 하나님 나라를 볼 수 없다는 것입니다. 오직 영적으로 거듭난 사람만이 영적인 기능과 능력을 가지고 있기에 하나님의 역사와 하나님 나라를 볼 수 있다고 설명합니다.

니고데모는 훌륭한 지식인에 고매한 종교인이었지만, 육체적인 출생만 알았지 영적으로 거듭남의 의미를 알지 못했습니다. 육적인 출생만으로 하나님의 역사나 하나님 나라를 볼 수 없습니다. 거듭나야 진정한 신앙인이 되는 것입니다.

서양의 학자들은 그리스도인을 세 가지로 분류하고 있습니다. 첫째는 명목상의 그리스도인이고, 둘째는 교회에 가는 사람(Church goer or Sunday Christian), 그리고 거듭난 성도(born again Christian)로 분류합니다. 명목상의 크리스천은 교적부에만 이름이 올라가 있는 사람을 말합니다. 가령 정부에서 인구조사할 때 기독교인이라고 말하는 사람 말입니다. 영이 거듭나지 않았기 때문에 예수 그리스도와의 관계에서 아무런 반응도 일어나지 않습니다.

교회에 나가는 사람(Church goer), 선데이 크리스천(Sunday christian)은 주일이 되면 교회에 가서 예배에 출석하는 사람입니다. 하나의 전통과 습관으로 예배에 출석합니다. 그러나 영적인 기능과 능력은 없어서 하나님의 역사도, 하나님의 나라도 볼 수 없습니다. 그러나 거듭난 성도(Born again Christian)는 하나님과의 관계가 바르게 된 사람으로 영적인 기능과 능력을 가지고 있어 하나님의 역사와 하나님의 나라를 볼 수 있습니다.

신앙인으로서의 삶

거듭난 성도는 죄사함의 확신, 구원의 확신, 영생에 대한 확신이 있습니다. 거듭난 사람은 하나님을 전적으로 신뢰하고 의지합니다. 그래서 말할 수 없이 평안하고 담대하게 살아갑니다. 거듭난 사람은 삶에서 하나님께 전적으로 헌신하므로 신앙생활에 열정이 있습니다. 세상이 어떻게 변하든지, 환경이 어떻게 바뀌든지 전혀 흔들리지 않습니다. 거듭난 사람은 세상에 집착하지 않고 하나님께만 순종하므로 세상에 지배를 받거나 세상이 주는 영향에 좌우되지 않습니다. 하나님 나라를 바라보고 영생을 경험하며, 확신 있는 삶, 평안한 삶, 열정적인 삶을 살아갑니다. 그래서 성경은 거듭난 사람을 전혀 새로운 피조물이라고 말씀합니다.

정상적인 고양이가 갑자기 시를 쓰고 감상하는 일이 벌어진다면 그것은 어마어마한 변화가 될 것입니다. 달라스 윌라드는 고양이를 예를 들어 거듭났다는 것이 그런 정도로 어마어마한 변화라고 말하고 있습니다.

사울이라는 사람은 예수님을 핍박하고 스데반 집사를 죽인 포악한 사람이었습니다. 그런데 그가 거듭나고는 사람이 확 바뀌었습니다. 그가 부인하던 예수 그리스도를 거리에서 담대하게 증거하고 전파하였습니다. 사울이었을 때는 전혀 상상도 못하던 일을 거듭난 사도 바울이 하게 된 것입니다. 예수 그리스도를 다메섹 도상에서 만남으로써 인생에 어마어마한 변화가 일어났습니다. 예수 그리스도를 위해 온갖 고난을 받는 사도 바울로 어마어마하게 변화된 것입니다.

저는 어려서부터 교회에서 자라났고, 학생시절에는 학생회 임원도 하고 회장도 했습니다. 교회가 작았기 때문에 성가대도 하고, 여름성경학교 때는 교사가 모자라니까 교사도 하는 등 교회에서 하는 여러 가지 활동에 참여했습니다. 거듭나기 전에는 그러한 활동들을 책임감과 의무감으로 했습니다.

그러나 거듭난 후에는 달랐습니다. 거듭난 후에는 하나님께 대한 헌신의 의미가 무엇인지 알았기 때문에 주어진 일을 감당할 수 있었고, 예수 그리스도를 믿는 기쁨과 감사함으로 예배를 드리고 열정적으로 봉사했습니다. 거듭나기 전과 후의 내 모습은 완전히 질적으로 달라졌습니다. 영이 거듭났으므로 하나님의 나라와 그분의 의를 삶에서 찾게 되었고, 자연스럽게 사람이 바뀌니까 세상이 달라지고 해 오던 일들도 달라졌습니다.

모양이 아무리 성실하게 보일지라도 종교생활에는 영적인 생명력이 없습니다. 구원의 확신도, 영생에 대해 확신도, 평안도, 열정도 있을 수 없습니다. 바리새인들뿐만 아니라 자기 의로 가득찬 당시 종교인들의 모습도 이러했습니다. 주님께서는 이런 종교생활을 가지고는 하나님 나라에 들어갈 수 없다고 분명하게 말씀하셨습니다. 우리 주님께서 가르치시기를 반드시 사람이 거듭나야 한다고 말씀하셨습니다. 우리가 죄를 회개하면, 죄씻음을 받고 구원을 받아 새생명을 얻습니다. 그러면 성령의 인도하심으로 우리는 구원의 확신을 가지게 되고 담대하게, 평안하게, 열정적으로 신앙생활을 할 수 있습니다.

하나님 나라는 영적인 나라입니다. 거듭나야 들어가는 나라입니다. 우리를 생명으로 인도하시는 하나님, 성령으로 우리를 거듭나게 하시어 하나님의 나라에 들어가게 하시고, 하나님의 나라를 볼 수 있게 하신 하나님을 찬양합니다. 복음의 능력에 힘입어 우리의 삶에 생명이 넘치고, 평안이 넘치고, 열정적인 신앙생활을 할 수 있게 되기를 기도합니다.

섬김을 배운 사람

가족들을 한국에 남겨 놓고 홀로 3년 정도 미국에서 공부를 한 적이 있었습니다. 홀로 공부하는 사람이야 그렇다 손치더라도 남아 있는 가족들도 보통 힘든 것이 아니었습니다. 미국으로 떠나기 전에 마지막으로 가족들과 함께 시간을 가졌습니다. 짧은 거리를 차를 타고 가면서도 앞자리에 앉은 저와 아내는 아무 말도 하지 않았습니다.

뒷자리에 아이들 셋이 탔는데, 세 아이들이 오가는 시간 내내 노래만 불렀습니다. 아이들은 신나게 떠들지도 않았고 자지도 않았습니다. 그렇다고 왜 노래를 부르느냐고 물어볼 수도 없었습니다. 아이들은 슬픔을 이겨내기 위해, 슬픔에 눌리지 않기 위해, 슬픔을 위장하기 위해 노래를 불렀습니다. 사실 잠시 떠나 있는 것뿐인데 이별이라는 것이 이렇게 슬프고 힘든 것인지 몰랐습니다. 지금도 그 생각을 하면 마음이 저려옵니다. 그런 어려움이 있어도 자녀들이 삐뚤어지지 않고 잘 자라준 것에 대해 하나님께 감사드릴 뿐입니다.

예수님께서도 제자들과 이별의 시간을 가졌습니다. 주님께서 십자가를 지시기 전에 정들었던 제자들과 헤어질 시간이 다가 온 것입니다. 요한복음 13장 말씀은 이별하는 마지막 저녁식사 시간이 배경이 되고 있습니다.

예수님께서 3년 동안 제자들과 함께 생활하고, 함께 여행하였으며, 함께 말씀을 나누었습니다. 이제 마지막 시간이 다가왔습니다. 십자가를 지실 그 마지막 시간이 다가온 것입니다. 제자들과 함께 마지막 만찬이 끝나면, 예수님께서는 그 밤에 기도하시다가 체포되어 밤새 심문을 당한 후 그 다음날 십자가에 못 박혀 죽으시게 됩니다. 최후의 만찬이라는 것은 이별 전 마지막 저녁 식사를 말합니다. 마지막 가는 길인데 과연 분위기는 어떠했을까요? 아무도 말을 하지 않았지만, 마음속에는 슬픔이 서려 있었고, 보이지 않는 긴장이 감돌았습니다. 미래에 대한 불확실과 앞으로 닥칠 고난에 대한 불안이 뒤덮고 있었습니다.

예수님께서는 이제 세상을 떠나 하나님 아버지께로 돌아가실 때가 되었으므로 누구보다 이 세상에 남기고 가는 제자들, 3년 동안 양육한 제자들을 사랑하는 마음이 최고도에 달했습니다. 1절 말씀에 "유월절 전에 예수께서 자기가 세상을 떠나 아버지께로 돌아가실 때가 이른 줄 아시고 세상에 있는 자기 사람들을 사랑하시되 끝까지 사랑하시니라"라고 말씀하고 있습니다. "끝까지 사랑하셨다"는 말은 제자들을 한 사람도 빠뜨리지 않고 극진히 사랑했다는 말입니다. 제자들이 사랑 받을 만한 자격이 있어서가 아니라 예수님 마음속에 사랑이 솟구쳐 일어나 사랑하신 것입니다. 예수 그리스도의 사랑은 상대의 조건이나 태도에 따라 달라지는 상대적인 사랑이 결코 아닙니다. 예수님의 사랑은 상대와는 아무 관계없이 자신의 충만한 속성 때문에 사랑하는 절대적인 사랑인 것입니다.

예수님은 끝까지 사랑하는 마음을 표현하고 실천하기 위해서 제자들의 발을 씻어 주셨습니다. 주님과 선생으로서 제일 상좌에 앉아서 식사하시던 예수님이, 자리에서 일어나 제자들 앞에 무릎을 꿇으셨습니다. 겉옷을 벗어 던 짐으로 선생님은 천한 사람들처럼 벗은 몸이 되었습니다. 그리고 허리에 수 건을 두르고 제자들의 발을 씻겨 주셨습니다.

유대인들은 맨발에 샌들을 신고 먼지 나는 비포장 길을 다니므로 늘 손과 발이 더러웠습니다. 그래서 집에 들어가서 음식을 먹을 때에는 손과 발을 씻 어야 했습니다. 일반적으로 자기가 직접 씻는 것이 보통이었지만 부잣집이 나 큰 집에 가면 종이 주인과 손님의 발을 씻어 줍니다. 또 옛날에는 심한 가 부장 사회였기 때문에 아내가 남편의 발을 씻어주거나 자녀가 부모의 발을 씻어주기도 했습니다.

그런데 여기에서 주님이신 예수님께서 제자들의 발을 씻어 주셨습니다. 이 말씀에서 주님이시고 선생님이신 예수님이 갑자기 종이 되신 것입니다. 종이 되어 더럽고 냄새 나는 제자들의 발을 씻기셨습니다. 제자들은 모두 놀라고 당황했습니다. 갑작스럽게 일어난 신분 역전의 사건에 충격을 받았 습니다. 베드로 같은 사람은 도저히 받아들일 수 없다며 거부했습니다.

예수님께서 그들의 발을 한 사람, 한 사람 만지고 씻어주실 때, 제자들은 따뜻하고도 강한 예수님의 사랑을 경험했습니다. 병자들을 만지고 치유하던 능력의 손이 그들의 발을 만질 때, 그들은 강한 사랑의 전율을 느꼈습니다. 음식을 축사해서 5천 명을 먹였던 기적을 일으킨 권능의 손이 그들의 발을 감쌀 때, 그들은 예수님께서 끝까지 사랑하시는 것을 느끼고 단단한 마음이 깨져 버렸습니다. 예수님의 겸손이 전달되어지자 그들의 높아지고자 하는 마음이 깨졌습니다. 예수님께서 사회적 지위와 체면과 자존심을 다 버리고 낮아지신 면을 경험하면서 제자들은 으뜸이 되려고 애쓰던 교만한 마음이 산산조각 나고, 완악하고 강퍅한 마음이 깨져 부드러워졌습니다. 예수님의 이 하나의 행동으로 말미암아 그들도 사랑의 마음, 온유한 마음, 겸손한 마음을 가지게 된 것입니다.

온전한 사랑

예수님의 사랑은 거기에서 그친 것이 아니었습니다. 가룟 유다까지 사랑하셨습니다. 사탄이 가룟 유다의 마음에 예수님을 배신할 악한 생각을 심어 놓아, 가룟 유다가 배신할 것을 이미 아셨음에도 예수님께서는 열두 제자를 죽기까지 사랑하셨습니다. 예수님께서 제자들의 발을 씻기실 때, 제자들은 긴장하고 당황하면서도 예수님의 사랑에 감동하여 그 마음이 녹아져 내렸습니다.

그러나 가룟 유다만은 달랐습니다. 오히려 유다의 마음은 더 완악하고 강팍해졌습니다. 눈에는 교활함과 독기로 가득했습니다. 그러면서도 그런 그의 마음과 의도를 위장해야 했기에 위선적인 눈빛과 미소를 지었습니다. 가증스럽기 짝이 없고 위선적인 태도로 일관했습니다.

예수님은 가룟 유다의 모든 것을 알고 계셨습니다. 사탄에게 미혹되었다는 것도 아셨고, 그의 악함도 다 알고 계셨습니다. 그러나 예수님께서는 전혀 내색을 하지 않으셨습니다. 오히려 사랑하는 마음으로 그의 발을 씻기셨습니다. 예수님께서는 제자들을 끝까지 사랑하셨고 배신자까지도 아낌없이 사랑하셨습니다. 예수 그리스도께서는 다 알면서도 사랑하셨습니다. 이것이야말로 절대적인 하나님의 사랑입니다. 상대가 어떠하냐에 관계없이 베풀어 주시는 사랑인 것입니다.

예수 그리스도의 태도는 우리 인간들이 흔히 취하는 태도와는 사뭇 달랐습니다. 사람들은 좋아하는 사람과 싫어하는 사람을 엄격하게 구분합니다. 그리고 그에 따라 대하는 태도도 달리 합니다. 좋아하는 사람에게는 아주 잘

해 주고, 싫어하는 사람은 쳐다도 보지 않습니다. 우리 주님께서는 이방인들도 이같이 아니하느냐 말씀하십니다. 그리스도인은 세상 사람들과는 전혀 달라야 합니다. 그리스도인들은 예수님의 발자취를 따라가는 사람들이고, 예수님을 닮아가는 사람들입니다. 믿는 자라면 예수님같이 사랑과 겸손과 섬김을 따라가야 합니다. 그것이 진정한 '그리스도인'의 의미입니다. 불의와 죄에 대해서는 엄격해야 하지만, 사람을 사랑해야 하는 것이 그리스도인입니다.

본받으라

발을 씻기시기를 마친 후에, 예수님은 왜 이렇게 충격적인 방법으로 사랑을 나타내시어 겸손과 섬김을 보여 주셨는지 말씀하셨습니다. 그것은 바로 '본'이었습니다. 즉, 말로만 교육하신 것이 아니라, 행동으로 교육하신 것입니다. 예수 그리스도께서는 처음부터 말씀이셨고, 율법의 일점일획까지 지키시며 자신이 하신 말씀을 스스로 이루시기 위해 그 길을 묵묵히 가셨습니다. 제자들에게 말씀으로 가르치셨고 그 말씀을 실행에 옮기셨습니다.

교육 중에 가장 강력한 효과를 가진 교육은 바로 모범을 보이는 것입니다. 그리스도인은 솔선수범해야 합니다. 말로만 교육하고 행동이 따르지 않으면 역효과가 납니다. 이와 반대로 말로 교육하고 말한 대로 행동하면 강력한 교육 효과가 나타납니다. 때로는 말보다 묵묵히 행동으로 보이면 더 큰 교육 효과를 얻을 수 있습니다. 부모나 선생님이 행동하는 것을 자녀와 학생들이 눈여겨보고 배웁니다. 부모가 책을 읽으면, 자녀도 책을 읽습니다. 부모가 텔레비전만 보면, 자녀도 그대로 따라합니다. 자녀는 부모가 본을 보이는 대로 닮아가게 되어 있습니다.

지금의 세상은 어떻습니까? 가정 폭력이 사회의 큰 이슈로 떠오르고 있는데, 안타깝게도 이 가정 폭력이 대물림이 된다고 합니다. 아버지가 어머니를 때리는 것을 보고 자란 아들이 나중에 결혼하면 그대로 따라서 자기 아내를 때립니다. 아버지에게 맞는 어머니를 보고 자란 딸은 나중에 남편에게 매 맞아도 당연하게 생각할 뿐 대처도 잘 못한다고 합니다. 사람은 본 대로 배우고 행동합니다. 말은 그렇게 영향력이 크지 않습니다. 제자들은 예수님의 발 씻기는 행동을 통하여 사랑과 겸손과 섬김을 배웠습니다. 제자들이 나중에 깨닫게 되었지만, 예수님께서 배신자까지도 끝까지 사랑하고 섬기시는 것을 그들은 보고 배운 것입니다.

예수님께서 또 명령하셨습니다. "내가 주와 또는 선생이 되어 너희 발을 씻겼으니 너희도 서로 발을 씻기는 것이 옳으니라(14)." 서로 발을 씻어 주고 섬김으로 공동체를 세워야 한다는 말씀입니다.

신학자 헨리 나우엔(Henri Nouwen)은 하버드 대학 교수직을 사임하고 장애인 공동체에 들어갔습니다. 장애인을 씻겨 주고, 먹여 주고, 붙잡아 주고, 청소하는 일들을 했습니다. 매일 가르치고 책을 쓰던 분이 실제로 엎드려서 땀을 흘리며 섬기는 일을 했습니다. 그렇게 행동으로, 실제로 섬기고 돌봄으로써 자신의 꾸밈없는 본래의 모습을 발견했습니다. 뇌성마비 장애인 공동체에서 일을 하시는 동안 헨리 나우엔은 그들 속에서 순수한 내면의 모습을 발견했습니다. 그럼으로써 헨리 나우엔은 연약하고 모자란 장애인들의 순수한 내면을 발견하고 함께 공동체를 세워갈 수 있게 되었다고 말합니다. 공동체는 섬길 때 세워지는 것입니다.

『리더는 머슴이다』라는 책을 쓰신 로버트 그린리프(Robert K. Greenleaf)는 미국의 최대 통신회사인 AT & T에서 38년 동안 근무하면서 부회장까지 지낸 전문경영인입니다. 신학자는 아닌데도 전문 경영인으로서 기독교적인 가치관을 가지고 책을 썼습니다. 자기 회사에서 오랫동안 직원들을 가르치는 일을 했고 다른 유명한 기업과 경영대학원에 가서도 가르친 경험을 바탕으로 이 책을 냈습니다. 이 책에서 헤르만 헤세의 '동방순례'를 인용한 부분이 나옵니다. 성지순례를 떠나는 여행단이 있었습니다.

그 여행단에 레오라는 사람이 들어가서 여러 사람들을 뒤치다꺼리와 허드렛일로 섬겼습니다. 때로는 여행 단원들이 힘들고 지치고 피곤해 할 때는 노래를 불러 활력을 불어 넣어 주곤 했습니다. 여행은 순조롭게 잘 진행되었습니다. 그 여행단 사람들 중 이 레오가 중요한 사람이라고 생각한 사람은 아무도 없었습니다.

그런데 어느 날, 갑자기 레오가 사라졌습니다. 레오가 사라지고 나니까, 이 여행단 사람들 사이에서 혼란이 발생했습니다. 그들은 방향을 잃어 우왕좌왕하게 되었고 결국은 여행을 포기하기에 이르렀습니다.

몇 년 후에 그 여행단의 한 사람이 성지순례를 후원한 교단을 찾아갔는데, 레오가 거기에 있었습니다. 알고 보니 레오가 그 교단의 최고 지도자였습니다. 그런 사람이 마치 하인같이 섬기는 일을 했던 것입니다.

이 이야기를 하면서 섬기는 지도자가 신뢰를 얻고 직원들에게 존경을 받으며, 직원들이 자기 능력을 발휘할 수 있도록 영향력을 행사할 수 있다고 말합니다. 오직 섬기는 리더만이 다른 사람을 이끌어 갈 수 있습니다. 섬길 때 공동체가 세워지는 것입니다.

이 시대에 많은 교회들이 섬김의 도를 잃어 공동체 정신이 상실되어 가는 것을 볼 때마다 안타까운 마음이 듭니다. 거기에는 일만 있고 사랑이 없기 때문입니다. 사람만 있고 하나님의 사랑이 없어서 그렇습니다. 이 시대의 교회가 필요한 것은 예수 그리스도께서 몸소 보여 주신 섬김의 본이 필요합니다. 교회는 예수님의 사랑을 실천하면서 공동체를 세워 나가야 합니다. 교회가 성경에서 나오는 진정한 교회가 되기 위해서는 예수님을 본받아 따라가야 합니다. 세상을 따라가지 말고 예수님을 따라가야 합니다. 세상은 우리에게 생명의 길을 보여 주지 않습니다. 예수님께서 끝까지 사랑하신 것같이 사랑하고, 예수님께서 낮아지신 것같이 서로 낮아져야 하며, 예수님께서 섬기신 것같이 섬겨야 합니다. 섬김으로 공동체를 세워나가는 것입니다.

우리 주위를 잠시 돌아보면 섬김이 필요한 분, 도움이 필요한 분이 얼마나 많은지 모릅니다. 그런 분들이 눈에 들어오지 않는다면 우리의 신앙을 다시 돌아보아야 할 것입니다. 그리고 기도하면서 실제적으로, 구체적으로 섬기시기 바랍니다. 낙심한 사람들을 위로하십시오. 연약한 사람에게 힘을 북돋우고 격려하십시오. 예수 그리스도께서 우리에게 본을 보여 주신 것같이 사랑과 섬김으로 공동체를 아름답게 세워 나가시길 바랍니다.

다시 회복된 사람

길을 가다 가끔 교인들을 만납니다. 어떤 분은 저를 보고도 잘 알아보지 못합니다. 가까이 가서 "안녕하세요?"라고 인사를 건네면 그때서야 깜짝 놀라십니다. 그러면 저로선 쑥스럽기도 하고 미안하기도 합니다. 또 교회에서 엘리베이터를 탈 때 연세 많은 권사님들이 저를 잘 몰라보시는 경우가 있습니다. 그래서 "안녕하세요?" 인사하면, 그냥 "네" 하시고, 저를 한 번 자세히 보고서야 "앗, 우리 목사님이구나." 하시며 그때서야 알아보십니다. 생각지 않은 장소에서, 생각지 않은 사람을 만나면 몰라보기 쉽습니다.

그런 사건이 본문에서 벌어지고 있습니다. 부활하신 예수님께서 갈릴리에서 고기 잡는 제자들을 만났을 때, 제자들은 예수님을 알아보지 못했습니다.

관계의 파괴

예수님께서 고난 받기 전 예수님과 제자들과의 관계는 견고했습니다. 제자들과 3년 동안 동고동락하면서 예수님은 제자들을 사랑으로 양육하셨습니다. 제자들은 목숨을 버릴 각오로 예수님을 따라가겠다고 다짐까지 했습니다. 그럴 정도로 예수님과 제자들의 관계는 견고했고 결속이 단단했습니다.

그러나 예수님의 고난이 시작되자 제자들의 태도는 변하기 시작했습니다.

기적이 일어나고, 병이 치유되고, 떡을 먹는 등 모든 일이 성황을 이루고 예수님의 인기가 올라가 미래에 대한 상황이 좋았을 때는 제자들이 예수님을 따라가는 것을 자랑스럽게 여겼습니다. 그들의 앞날에는 희망과 기대가 넘쳤습니다.

그러나 상황이 돌변하여 예수님이 체포되어 심문을 당하고, 십자가에 못 박혀 죽는 극단적인 상황이 벌어지니까, 제자들은 변해 버렸습니다. 예수님을 돈 받고 팔아버리는 배신자가 생겼고, 예수님을 부인하는 사람도 생겨났습니다. 모든 제자들이 예수님을 버리고 다 도망을 가 버렸습니다. 예수님 옆에 있으면 큰 위험이 닥칠 것이 분명하니까 도망을 간 것입니다. 예수님과의 관계를 인정하거나 주장하면 위험한 일이 자기에게 닥칠까봐 다 부인하고 도망갔습니다. 제자들과 예수님과의 관계는 이렇게 파괴되었습니다.

자연히 공동체도 붕괴되었습니다. 처음에는 예수님을 그리스도로 믿는 사람들이 모인 신앙 공동체였습니다. 사람을 구원하는 사명을 위해 모인 사명 공동체였습니다. 그러나 예수님께서 십자가에 죽으시고 무덤에 묻히셨을 때, 예수님을 그리스도로 믿는 믿음이 다 사라져 버리고 말았습니다. 예수님께서 가장 수치스럽고, 가장 잔인한 방법으로 사형에 처한 범죄자가 되었으니 그분을 도저히 그리스도라고 믿을 수가 없었습니다. 신앙 공동체가 붕괴되어 버리고 만 것입니다.

그들은 예수님의 보내심을 받아 둘씩 셋씩 짝을 지어나가, 병을 고치고 귀신을 쫓아내고 말씀을 전파하는 사명을 수행했습니다. 정말 열심히, 열정적으로 사명을 감당한 그들이었습니다. 그러나 예수님께서 십자가에서 죽으신 후 그들만 남았을 때, 그들은 아무 능력도 없는 무기력한 사람들이 되어 버렸습니다. 사명을 수행할 이유와 동기도 없어져 버렸습니다. 그들은 결국 갈릴리로 돌아가서 예전 모습 그대로 물고기 잡는 어부로 되돌아갔습니다. 아무런 의미 없는, 그리고 희망이라고는 찾아볼 수 없는 이전의 생으로 돌아간 것입니다.

그러나 예수님은 그들을 버리지 아니하셨습니다. 부활하신 예수님께서 제자들을 찾아 가신 것입니다. 배신하고, 부인하고, 도망간 제자들을 주님께서 찾아가셨습니다. 먼 북쪽 갈릴리 고기를 잡는 곳까지 찾아가셨습니다. 예수님께서 제자들을 찾아가셨을 때는, 이미 그 마음 가운데 제자들을 용서하셨습니다. 제자들이 자신을 배신하고, 부인하고, 도망갔을지라도 그들을 용서하셨습니다. 아직도 제자들이 신앙과 인격에 있어 미숙하고 연약했으므로 주님께서는 그들의 실수를 그렇게 크게 마음에 두지 않으셨습니다. 예수 그리스도께서는 제자들의 연약함을 아셨기에, 그들의 실수를 바로 용서하셨습니다. 제자들의 실수와 실패를 비난하고 정죄하는 것보다는, 그들을 용서하고 회복시키는 것이 더 중요하다고 생각하셨습니다.

예수님께서 제자들을 찾아 바닷가에 가셨을 때는 새벽녘 동이 터오기 시작할 무렵이었습니다. 제자들은 고기를 잡기 위해 밤새 그물을 던졌지만 아무 것도 잡지 못했습니다. 몸도 마음도 지쳤습니다. 그들은 얼마나 피곤했는지 바닷가에 서 계신 예수님을 알아보지 못했습니다. 예수님께서 부활하셔서 자신들이 있는 곳에 찾아오시리라고는 전혀 생각을 못했기 때문에 예수님을 알아보지 못했습니다. 생각하지 못한 장소에서 생각하지 못했던 분을 만나게 되니까 알아볼 수가 없었습니다.

예수님은 피곤하고 지친 제자들, 아무 것도 잡지 못해서 낙심해 있는 제자들에게 말씀하셨습니다. "그물을 배 오른 편에 던지라." 제자들이 그 말씀을 따라 그물을 던졌더니 뜻밖에 고기가 많이 잡혔습니다. 그때 그들의 머릿속에 옛날 일이 스쳐 지나갔습니다. 밤새 그물을 내려도 아무 것도 잡지 못해서 피곤하고 낙심한 제자들에게, "깊은 데로 가서 그물을 내려 고기를 잡으라."고 말씀하셨던 것이 기억났습니다. 똑같은 상황이 다시 벌어진 것입니다. 바닷가에 서서 그들을 코치하신 분, 도와주신 분이 예수님이란 것을 깨달았습니다. 부활하신 예수님께서 자신들을 지금 찾아왔다는 사실을 깨달았습니다.

요한이 먼저 알고 베드로에게 "저분은 주님이시다."라고 말을 했습니다. 알기는 요한이 먼저 알았는데, 행동은 베드로가 먼저 했습니다. 원래 베드로는 단순하게 말하고 행동하는 사람이라 예수님이란 걸 안 즉시 바다로 뛰어내려 예수님께로 갔습니다.

예수님께서는 바닷가에 숯불을 피워 놓고 제자들을 위해 떡과 생선으로 아침 식사를 준비해 놓으셨습니다. 제자들은 부활하신 예수님께로 다가 와서 함께 아침 식사를 했습니다. 최후의 만찬을 한 것과 똑같이, 예수님과 함께 식사를 했습니다. 공동체가 다시 회복된 것입니다. 며칠 전 최후의 만찬 자리에서는 배신자를 찾아내느라고 서로 의심함으로써 공동체는 파괴되었지만, 십자가에서 죽으시고 부활하신 예수님을 중심으로 공동체가 다시 회복된 것입니다. 그 옛날의 신뢰와 믿음이 다시 되살아난 것입니다.

아침 식사 후에 예수님께서 베드로에게 세 번 질문하셨습니다. 첫 번째는 "네가 이 사람들보다 나를 더 사랑하느냐?"라는 질문이었습니다. 그 질문을 받았을 때, 베드로는 다른 제자들보다 앞장서서 목숨을 버리기까지 예수님을 따르겠다고 호언장담했었던 기억이 되살아 났습니다. 그 질문이 그의 마음을 후벼 팠습니다. 부끄러운 마음, 회개하는 마음이 일어나면서, 다시는 예수님을 배반하지 않겠다, 예수님을 정말 사랑하겠다 하는 다짐이 그의 마음 속에서 불꽃처럼 일어났습니다.

불을 지피며 예수님께서 "네가 나를 사랑하느냐?"라고 세 번 질문하셨을 때, 베드로는 대제사장의 집 뜰에서 불을 쬐면서 예수님을 세 번 부인했던 부끄러운 기억이 되살아났습니다. 기억하고 싶지 않은 부끄러운 기억, 그의 머릿속에서 영원히 지워버리고 싶은 창피한 기억이 다시 떠올랐습니다. 그런데 지금 불을 쬐면서 예수님께서 세 번씩이나 "네가 나를 사랑하느냐?"라고 질문하시니, 베드로는 더 근심이 되고 슬펐습니다. 자신이 저질렀던 실수가 너무 부끄러웠던 것입니다. 엄청난 실수를 세 번이나 했으니, 예수님에게서 동일한 질문을 받을 때마다 베드로는 회개했습니다.

그렇게 세 번 질문을 받고 답을 하는 과정에서, 예수님을 사랑하는 자신의 마음이 이제 다시는 부인할 수 없는 마음이라는 것을 확실히 깨달았습니다. 베드로는 정말 예수님을 사랑한다고 확실하고 분명하게 고백했습니다.

이제 예수님과 베드로의 관계가 다시 회복된 것입니다. 예수님은 이미 베드로를 용서하심으로 베드로에게 회개할 기회를 주셨습니다. 과거의 실수를 회개하고 바로잡을 기회를 주셨던 것입니다. 뿐만 아니라 사랑을 재확인하고 고백할 기회를 주셨습니다. 베드로는 세 번을 반복해서 "사랑합니다."라고 고백할 때 예수님을 사랑하는 자신의 마음이 더 잘 정리되고 분명하게 되었습니다.

지금 예수님은 베드로를 회복시키시고, 예수님 앞에 떳떳하게 설 수 있도록 치유하셨습니다. 부활하신 예수님께서 베드로를 찾아와 만나시고 베드로를 용서해 주심으로 예수님과 바른 관계가 되도록 회복시키셨습니다. 예수님과의 관계가 회복되자 베드로의 심령 속에 그 신앙과 사랑이 다시 싹트기 시작했습니다. 다시 말해서 부활의 은혜를 다시 체험한 것입니다.

사명 회복

　예수님과의 관계 회복 다음에 오는 것이 바로 사명의 회복입니다. 완전히 회복되려면 사명이 회복되어야 합니다. 예수님은 먼저 베드로와의 관계를 회복하셨습니다. 베드로의 마음을 사랑의 마음으로 회복시키셨습니다. 먼저 마음에 사랑이 온전하게 형성되어야 지체들에게 헌신하고 충성하게 됩니다.

　상대방에 대한 사랑하는 마음이 없이는 헌신이 있을 수 없습니다. 예수님을 사랑해야 예수님께 헌신하고 충성하게 됩니다. 예수님을 사랑해야 예수님의 양을 사랑하게 되고, 양떼에게 헌신하게 됩니다. 사랑이 없으면 헌신도 할 수 없습니다. 사랑 없이 일하는 것은 삯꾼으로서 자기 이익을 위해 헌신하는 흉내만 내는 것입니다. 거기에는 진정한 헌신이 있을 수 없습니다. 분명히 알아야 할 것은 우리는 예수님을 흉내내는 것이 아니라 닮아 가야 합니다.

　예수님은 베드로의 사랑을 확인한 다음에 베드로와의 관계를 회복시키시고 베드로에게 주신 사명을 회복시키셨습니다. "내 양을 먹이라." 예수님의 양떼를 돌보고 양육하라고 사명을 회복시키셨습니다. 베드로를 신뢰하시기에 사명을 회복시키셨습니다. "나는 너를 믿는다. 네가 실수했었지만, 이제는 다 용서받았다. 이제 너에게 나의 양떼를 맡긴다. 나는 네가 이 일에 적합한 사람이라고 믿는다." 베드로를 완전히 용서하고, 신뢰하고, 회복시키셨습니다. 예수님께서는 베드로를 완전히 다시 살리신 것입니다.

　완전히 회복된다는 것은 그 사람을 믿어 주고 일을 맡기는 것을 말합니다. 벌써 한번 실수하고 자기를 배신했던 사람에게 다시 일을 맡기는 것은 쉬운 일이 아닙니다. 예수님께서는 사랑을 확인하고, 관계를 회복시키신 다음 베드로를 믿어 주고 그에게 일을 맡기심으로 사명을 회복시켜 주셨습니다.

　예수 그리스도와의 관계가 회복된 베드로는 열정적인 복음 전도자요, 어떤 핍박이 닥쳐와도 굴하지 않는 강한 사도로 변모했습니다. 그는 예루살렘에 거하는 자기 동족 앞에서 담대하게 복음을 전했고, 3천 명을 한 번에 예수 그리스도께로 인도했습니다(행 2:41).

베드로는 강하고 사랑이 넘치는 교회를 세운 사도가 되었습니다. 그는 예수님을 십자가에 못 박아 죽였던 대제사장과 공회 앞에서 그들의 훼방과 시기에도 결코 굴하지 않고 예수님을 구주로 고백하며 맞섰습니다. 그는 예루살렘에 거주하는 유태인들을 복음으로 뒤흔들고 변화시켰습니다. 그의 인생의 마지막에는 십자가에 거꾸로 못 박혀 죽었습니다. 그야말로 헌신되고 충성된 사도로서 일생 동안 주님이 주신 사명을 묵묵히, 그리고 담대하게 감당했습니다.

17살 난 운동선수가 다이빙을 하다가 사고를 당했습니다. 사고로 목 아래로 전신이 마비되고 말았습니다. 어린 소녀에다 활동이 많았던 촉망 받는 운동선수였는데 뜻하지 않은 사고를 당했던 것입니다. 자기 마음대로 팔다리를 움직일 수 없었습니다. 근육이 다 빠져서 말라가고, 팔다리는 뒤틀렸습니다. 그런 자기 몸을 바라보던 소녀는 가슴에 말할 수 없는 좌절과 원망, 분노의 감정이 가득 차 올랐습니다.

그러다가 치료를 받고 재활을 받는 동안 부모님과 친척, 친구들이 그를 위해 기도해 주고 후원을 해 주었습니다. 많은 분들의 기도 덕에 소녀는 점점 어둠의 긴 터널 속에서 빠져 나오게 되었습니다. 그리고 소녀는 성경을 읽으면서 부활을 믿게 되었고, 미래에 대한 소망을 발견했습니다. 성경이 말씀하기를, 예수 그리스도를 영접하는 하나님의 자녀들은 부활해서 하나님 나라에서 영원한 생명을 누리게 되는데, 부활할 때는 몸이 부활하여 영화로운 영적인 몸을 갖게 된다는 말씀을 읽고 그대로 믿었습니다. 내가 하나님 나라에서 부활하면, 하나님 나라에서 자유롭게 춤을 출 수 있으리라는 믿음을 가졌

습니다. 지금은 손가락이 오그라들고 구부러지고, 근육은 빠지고, 무릎은 뒤
틀리고, 어깨 아래로는 아무 감각이 없지만, 부활하면 하나님 나라에서 새로
운 몸을 얻고 자유롭게 활동하게 되리라는 것을 믿었습니다.

예수 그리스도의 부활을 마음으로 믿은 소녀는 놀라운 소명을 발견하게 됩
니다. 그녀의 영이 다시 살아나자 정신이 회복되었습니다. 예수 그리스도의
복음의 능력으로 말미암아 삶의 의욕을 가지게 되었고 그때부터 입으로 그림
을 그리는 법을 배웠습니다. 뿐만 아니라 장애를 가진 사람들을 후원하는 모
임도 만들어서 다른 사람들을 도와주었습니다.

예수 그리스도를 만난 후 그 소녀에겐 장애가 더 이상 장애가 아니었습니
다. 주님께서 주신 소명으로 말미암아 현실에 놓인 자신의 장애를 넘어선 것
입니다. 머리밖에 남지 않았지만 하나님께서 나에게 주신 사명이 무엇인가를
발견하여 그 사명을 능히 감당하는 사람으로 변한 것입니다. 다시 살아난 역
사가 일어난 것입니다.

지금 당신 앞에 놓인 일들이 여러분의 인생에 장애가 됩니까? 당신 마음
속에 있는 죄들로 인해 주님과의 관계가 서먹서먹하십니까? 당신이 갖고 있
는 상처는 너무나 커서 어느 누구도 이해하지 못할 것이라 생각하십니까?
부활하신 예수님께서 당신을 찾아오시고, 만나 주시기를 기도합니다. 낙심
하고 좌절한 가운데 있을 때에, 예수님을 배반하고 떠난 가운데 있을 때에도
용서하시고, 찾아오셔서 만나 주시는 주님을 바라보시길 바랍니다. 부활하
신 예수님께서 찾아오셨을 때에 그분을 발견하고, 만나고, 깨달으시길 바랍
니다. 예수님을 사랑하는 마음이 다시 살아나서 예수님과의 관계가 다시 회
복되시길 바랍니다.

네 믿음대로 될지어다

믿음의 대를 이어갈 언약 창세기 17장 1-8절
믿음의 증거 마태복음 7장 15-23절
오직 믿음 역대하 15장 8-15절
기다리는 믿음 시편 130편 1-8절
믿음이 이기네 히브리서 11장 33-40절

믿음의 대를 이어갈 언약

해외토픽을 보면 희한한 일들이 가끔 나옵니다. 한번은 세상을 떠나면서 자기 개에게 상속을 남긴 사람을 보았습니다. 제가 그 기사를 보면서 '자신이 얼마나 많은 상속을 받았는지 알지도 못하는 개한테 인간이 어떻게 상속을 해 주나?' 라는 생각이 들었고, 과연 그 사람이 죽고 난 후에 '개가 재산을 잘 돌볼까' 라는 생각도 해 봅니다.

상속을 한다는 것은 내 재산을 준다는 약속이므로 약속은 약속을 할 만한 상대가 분명히 있어야 합니다. 그런데 사람과 개가 무슨 약속을 할 만한 상대가 되겠습니까? 아마도 상식 밖의 일이라 해외토픽에 나온 것 같습니다.

일반적으로 약속이나 계약을 한다는 것은 서로가 관계가 있는 사람들끼리, 약속을 지킬 만한 능력과 자격이 있는 사람들 간에 하는 것을 말합니다. 사업상의 계약, 왕과 신하의 계약, 부부 간의 혼인서약, 부모와 자녀 간의 상속, 이런 약속 같은 것들은 서로 관계가 있어야 하고, 약속을 지킬 만한 능력이 있는 사람들이 하는 것입니다.

하나님의 언약

창조주 하나님께서 피조물인 우리 인간들에게 언약을 주셨습니다. 사실

창조주 하나님과 피조물 인간과는 그런 관계가 성립될 수 없습니다. 창조주 하나님은 지극히 높은 분이시고, 피조물 인간은 지극히 낮은 존재입니다. 감히 창조주 하나님과 약속할 주제가 되지 못합니다. 그런데 창조주 하나님께서 피조물 된 인간에게 언약을 주셨습니다. 말할 수 없이 큰 은혜 중 은혜가 아닐 수 없습니다.

하나님께서는 아브라함에게 나타나셔서 "나는 전능한 하나님이라" 말씀하시며 언약을 주셨습니다. 전능하신 하나님, 모든 약속을 지킬 능력이 충분하신 분께서 언약을 주신 것입니다. 창조주 하나님은 모든 것을 창조하시고, 소유하시고, 주관하시는 분이십니다. 모든 약속을 충분하게 성취하실 수 있는 능력이 풍성하신 그분께서 인간에게 약속을 주셨습니다.

그분께서 하신 약속은 분명합니다. 오차 없이 정확하며 완전하게 믿을 수 있습니다. 하나님께서는 어떤 약속도 충분히 이루실 수 있는 능력이 있으신 분이기 때문에, 그분의 약속은 온전히 믿을 수 있는 약속입니다. 약속을 할 때는 내 능력에서 벗어난 약속은 해서도 안 됩니다. 그리고 능력을 넘어서는 약속을 하면 사람들이 믿지도 않습니다. 지키지도 못할 약속을 함부로 하면 그 사람은 믿을 수 없는 사람이 됩니다. 그러나 능력 범위 안의 약속은 확실하기 때문에, 전능하신 하나님이 주시는 약속은 완전하게 믿을 수 있습니다.

하나님께서는 아브라함에게 언약을 주실 때, "완전하라"고 말씀하셨습니다. 사람이 하나님의 기준에 완전하기는 불가능합니다. 그러나 하나님의 언약을 받는 사람은, 최소한도로 항상 완전하기를 힘쓰라고 말씀하고 계십니다. 사람이 어떻게 하나님의 기준에 완전할 수 있겠습니까? 인간으로선 불가능한 일입니다. 신실하시고 온전하신 그분의 성품 앞에선 흙덩이에 불과한 인간의 의와 노력은 그분의 신실하심에 손톱만큼도 못 미칩니다.

자격이 안 되는 인간들에게 하나님이 언약을 주셨을 때 우리들은 어떻게 해야 합니까? 하나님의 성품을 닮아가기를 힘써야 합니다. 하나님 앞에서 순결하고 흠 없는 삶을 살아야 합니다.

하나님의 언약을 받을 만한 자격을 갖춘 사람은 세상에 아무도 없습니다. 그러나 하나님의 언약을 받은 사람으로 하나님 앞에서 완전하기를 힘써야 합니다. 하나님의 성품을 닮아가기를 힘써야 하며 순결하고 흠 없이 살기를 힘써야 합니다.

이렇게 전능하신 하나님께서 임재하셔서 아브람에게 언약을 주시니까 아브람이 하나님 앞에 엎드렸습니다. 아브람은 하나님의 영광이 임하자 그분의 위엄과 엄위 앞에 두려워서 엎드렸습니다. 하나님의 언약을 받고 그 크신 은혜를 알고 그 앞에 엎드렸습니다. 아브람 심중에 하나님 앞에 전적으로 복종하고 충성할 마음이 일어난 것입니다.

하나님의 임재와 하나님의 은혜를 체험하면, 사람은 하나님의 위엄 앞에서 온전히 서 있을 수 없습니다. 하나님의 은혜를 받았을 때, 나 같이 자격 없는 사람이 하나님의 은혜를 받았다는 사실을 알게 되는 순간, 말할 수 없는 기쁨과 동시에 하나님 앞에 눈물을 쏟으며 그 앞에 엎드리게 됩니다. 그리고 하나님 앞에 헌신하고 복종하기를 다짐하게 됩니다.

창조주 하나님께서, 전능하신 하나님께서, 아무 자격도 없는 하찮은 우리에게 언약을 주셨다는 사실을 되새겨 볼 때 하나님의 한없는 은혜를 느끼지 않을 수 없습니다.

언약의 확인

하나님께서 아브람에게 주신 약속의 구체적인 내용은 자손이 번성할 것이라는 것과 땅을 차지하리라는 것입니다(창 12:1-3). 땅에 관한 약속은 순조롭게 잘 이루어졌습니다. 문제는 자손에 관한 약속이었습니다. 하나님께서 거듭거듭 약속했음에도 불구하고 그 약속은 이루어지지 않았습니다(창 12:2). 약속한 이후에도 시간은 흘러 흘러 아브람은 어느새 늙었습니다. 점점 약속이 이루어질 가능성이 희박해져 갔습니다.

결국 기다림에 지친 아브람은 종을 상속 받을 아들로 정하려고 첩을 통해 서자를 두기도 했습니다. 그러나 이 모든 노력들은 인간의 생각이었지 하나님의 뜻은 아니었습니다. 하나님은 아브람의 몸과 사라의 몸에서 날 아들이 있을 것이라고 말씀하셨습니다.

그 언약을 확인하기 위해서 제물을 사용했습니다. 암소와 암염소와 숫양과 비둘기 등 제물을 반으로 쪼갰습니다. 그리고 아브람은 그 제물을 지키면서 기다렸습니다. 해가 지고 어두워지자 연기 나는 화로가 보였고, 이어 타는 횃불이 쪼갠 고기 사이로 지나갔습니다(창 15:17). 하나님께서는 생명을 바치게 하고, 불로 사르는 강한 징표로 언약을 확인하셨습니다.

사람의 일도 마찬가지입니다. 우리가 상대와 서로 약속을 할 때 이 약속이 분명하다는 증거로 싸인도 하고 인감도장을 찍기도 합니다. 조폭들은 똑같은 문신으로 같은 편임을 증거로 남깁니다. 하나님께서는 생명을 바치게 하고 불로 사르는 강한 징표로 언약을 확인하셨습니다. 아직 아들이 없지만, 하나님께서 자손을 주시겠다는 언약은 확실하다는 것을 분명히 눈으로 보여 주셨습니다.

아브람은 하나님의 징표를 보았으나 그리고도 약속이 성취되지 않아서, 기다리다 못해 여종을 첩으로 들어 이스마엘이라는 서자를 낳았습니다. 약속이 이루어지지 않으니깐 조급한 마음으로 믿음이 없는 인간적인 선택을 했던 것입니다.

그럴 때에 하나님께서 다시 언약을 재확인하셨습니다. 자손이 번성하게 될 것이고, 아브람은 여러 민족의 아버지가 될 것이라고 언약을 재확인하셨습니다. 그리고 그 언약을 확실하게 하는 방법으로 아브람의 이름을 아브라함으로 개명하여 주셨습니다.

아브라함이란 '많은 무리의 아버지'라는 뜻입니다. 저는 이 말씀을 보면서, 아브라함 자신도 이름이 적절하지 않다고 생각했을 것이고, 다른 사람들도 아브라함이란 이름을 듣고는 현실과 맞지 않다고 생각했을 것입니다. 자식은 하나도 없는데, 이름만 많은 무리의 아버지입니다. 이름과 현실이 너무나도 거리가 멉니다. 만약 아브라함이 누구와 만나서 대화를 나누었다고 생각해 봅시다. "당신 이름이 뭡니까?" "많은 무리의 아버지입니다." "당신 자녀는 몇입니까?" "하나도 없습니다." 이런 상황이 벌어진다면 말이 앞뒤가 맞지 않습니다. 마치 군대 사병의 계급이 일등병인데, 이름이 장군이라고 합시다. 이름과 현실이 맞지 않으니 웃음거리가 될 것이 뻔합니다.

그러나 아브라함은 하나님을 믿었고, 하나님께서 늘 그의 믿음을 보시고 아브라함을 의롭다고 여기셨습니다(창 15:6). 약속의 가능성이 없어 보이는 상황인데도 불구하고, 자식이 하나도 없음에도 불구하고, 하나님께서 '그 언약을 이루어주신다'라고 말씀하셨을 때, 아브라함은 그 언약을 믿었습니다. 그 약속을 믿었기 때문에 하나님께서는 아브라함의 믿음을 의로 여기셨습니다. 이 약속으로 말미암아 아브라함은 하나님의 택한 백성인 이스라엘의 조상이 되었고, 우리 믿음의 조상이 되었습니다. 육신을 따라서는 이스라엘의 아버지일 뿐만 아니라 예수 그리스도를 영접한 우리들에게도 믿음의 아버지가 된 것입니다. 하나님께서 언약하신 그대로, 언약이 풍성하게 이루어졌습니다.

하나님의 자녀인 우리들에게 하나님은 어떠한 분이십니까? 하나님께서는 자기 자녀들에게 하나님의 언약을 무수히 재확인해 주셨습니다. 그리고 삶

속에서 그 언약의 증거를 주십니다. 아브라함과 함께 하셨던 하나님께서 우리들에게 "임마누엘"의 약속을 주셨습니다. 성경을 많이 읽기는 했지만, 저는 이 부분이 마음에 와 닿지 않았었습니다. 그런데 어느 날 하나님이 함께 하신다는 말씀이 제 마음을 파고들었습니다. 그 후로 성경을 계속 읽어보니까 창세기에서부터 요한계시록까지 하나님께서 함께 하신다는 약속의 말씀이 얼마나 많이 있는지, 그리고 그 동안의 제 삶을 돌아보니까 삶 속에서 하나님께서 함께 하셨던 증거가 얼마나 많은지 알게 되었습니다.

하나님께서 말씀을 통해서, 우리 삶을 통해서 하나님이 약속하신 것을 그대로 이루어 주신 것입니다. 창조주 하나님, 전능하신 하나님께서 자격이 없는 우리들에게 언약을 주셨습니다. 그리고 그 언약은 하나님께서 하신 약속이기에 반드시 이루어집니다. 성도는 하나님의 언약이 반드시 이루어진다는 사실을, 우리가 아니라 신실하신 주님께서 시작하시고 이루어 주신다는 사실을 믿어야 합니다.

믿음의 대를 이어갈 언약

그런데 하나님께서 이 언약을 주실 때에 아브라함에게만 언약을 주신 것이 아니라 그 자손에게도 언약을 주셨습니다. 아직 있지도 않은 아브라함의 후손에게도 언약을 주셨습니다. 7절 말씀을 보면 "내가 내 언약을 나와 너 및 네 대대 후손 사이에 세워서 영원한 언약을 삼고 너와 네 후손의 하나님이 되리라" 하나님께서는 아브라함의 하나님이시면서, 동시에 그 후손의 하나님이시라고 말씀하고 있습니다. 하나님은 아브라함만 택한 백성으로 삼지 않으시고, 그 후손까지 택한 백성으로 삼으신 것입니다. 하나님은 아브라함과 이삭과 야곱의 하나님이시고, 또한 요셉과 모든 당대 사람들의 하나님이십니다.

　조상으로부터 믿음의 대를 이어 받아서 조상의 하나님을 알았지만, 그 조상의 하나님을 새롭게 만날 때에 나의 하나님이 됩니다. 당대에 처음 예수님을 믿는 분들은 열심은 대단합니다만, 살아가면서 환경이 바뀌면 환경에 따라 그 믿음이 자꾸 흔들립니다. 그러나 조상으로부터 믿음을 이어받은 사람은 결코 흔들리지 않습니다. 믿음이 견고하고 안정되어 있습니다.

　그러나 조상의 하나님으로만 그치면, 그 하나님은 전통과 역사와 문화 속의 하나님에 지나지 않습니다. 하나님은 조상의 하나님이시면서, 동시에 자손인 우리의 하나님이 되어야 합니다. 조상으로부터 믿음의 대를 이어온 풍성한 신앙유산이면서, 동시에 내가 새롭게 만난 나의 하나님이 되어야 합니다. 하나님 앞에서 내 죄를 회개하고 회심하여, 나의 구원주, 창조주로 인격적으로 만날 때에 그 하나님이 나의 하나님이 되는 것입니다. 조상의 하나님일 뿐만 아니라, 나의 하나님이 될 때에 믿음의 대가 이어지게 됩니다.

　그리고 하나님께서 아브라함에게 주신 약속은 또한 대대 후손에게 주시는 영원한 언약입니다. 아버지의 언약, 조상의 언약만이 아니라 나의 언약이 되어야만 합니다. 7절 말씀은 그래서 이런 언약을 영원한 언약이라고 말씀하십니다. 아브라함과 족장을 넘어서, 모세와 광야의 이스라엘 백성을 넘어서, 다윗의 왕국을 넘어 영원토록 주신 언약입니다. 이 영원한 언약을 받아서 이스라엘 백성들이 구원을 받았습니다.

　그리고 예수 그리스도께서 십자가에서 죽으심으로 이 영원한 언약이 성취되었습니다. 예수 그리스도를 통하여 이 언약이 영원한 언약인 것을 확실하게 증명해 주셨습니다. 그 영원한 언약이 나의 언약이 되었습니다. 즉, 아브라함의 언약, 우리 조상의 언약이 지금은 나의 언약, 내 자손의 언약이 되며 믿음의 대를 이어 영원한 언약이 되는 것입니다. 하나님 나라에까지 이어지므로 이 언약은 영원한 언약인 것입니다.

창조주 하나님께서, 전능하신 하나님께서 아무 자격도 없는 나에게 언약을 주셨습니다. 그 언약이 분명히 이루어질 것이라고 말씀으로 확증해 주시고, 내 삶을 통해 간증으로 확증해 주셨습니다. 그 언약은 영원한 언약입니다. 내 조상이 가졌던 언약이고, 내가 가진 언약이며, 내 후손들이 가질 언약이 그 언약입니다. 영원한 언약이며 하나님 나라에까지 이어질 언약입니다. 이 언약은 대를 이어 지켜 가야 할 언약입니다. 하나님의 자녀라면 하나님께서 이 놀라운 언약을 우리에게 주셨다는 진리에 대해 감사해야 합니다. 그리고 이 언약이 영원한 언약이라는 사실을 늘 기억해야 할 것입니다.

믿음의 증거

(마태복음 7장 15-23절)

요즘 뉴스를 살펴보면 흔히들 말하기를 중국이 세계의 짝퉁공장이라고 합니다. 세계에서 유통되는 가짜 상품의 2/3가 중국에서 만들어졌다고 합니다. 삼성제품이 전 세계적으로 인기를 얻고 있는데, 중국에서는 삼송 혹은 삼맹이라는 브랜드로 삼성의 모조품을 만들어 판매하고 있다고 합니다. 글자체나 로고가 아주 똑같습니다. 또 휴대폰 애니콜을 애미콜로 해서 판매한다고 합니다. 또 커피 판매점으로 유명한 스타벅스의 이름을 딴 스타스버그도 있습니다. 온갖 종류의 가짜 상품들이 만들어져 판매되고 있습니다. 게다가 북한은 미국 화폐를 위조하여 전세계에 위조지폐를 퍼뜨린 바 있어 범죄집단으로 규정된 적이 있었습니다.

사실 남의 나라만 탓할 것이 못됩니다. 우리 나라에도 가짜 명품이 넘쳐납니다. 이렇게 가짜 상품이 판을 치다 보면 진짜 상품에 끼치는 피해는 엄청날 것입니다. 상품의 질이 떨어지기 때문에 당연히 진품의 브랜드 가치가 떨어지게 됩니다.

지금 우리가 상품에 대해서 말하고 있지만 기독교에도 가짜 기독교가 많이 있습니다. 소위 사이비 기독교입니다. 겉으로 보기에는 정통 기독교인지, 가짜인지 비슷해서 분간하기가 어렵습니다. 마태복음을 통해서 예수님께서는 가짜 선지자와 가짜 신자에 대해서 말씀하고 있습니다.

거짓 믿음

기독교 신앙에 핍박이 있을 때는 가짜 신자가 있을 수 없습니다. 예수 그리스도에 대한 믿음이 불이익을 주고 위험을 초래한다면, 핍박이 오면 진실한 믿음이 없는 사람은 교회 공동체에서 다 떨어져 나갑니다. 그래서 기독교 역사를 보면 적당한 핍박은 오히려 교회에 유익이 되었습니다. 핍박을 통해 거짓 신자는 모두 떨어져 나갔고, 진실한 신자만 남아 교회가 정결하고 거룩하게 되었습니다.

핍박이 없을 때는 거짓 신자들이 많이 생깁니다. 그들은 정통 신앙고백에 대해서도 잘 알고 있고, 또 그렇게 표면적으로 진술합니다. 그들은 찬송가도 잘 알고, 성경구절도 암송합니다. 그들은 예배의 순서도 잘 알고, 기독교 문화와 생활방식도 잘 알고 있습니다. 그러나 거기까지입니다. 그들의 마음은 근본에서부터 변화되지 못한 죄악된 본성을 그대로 가지고 있습니다. 그래서 그들의 삶에서 믿음의 증거나 열매가 나타나지 않습니다. 기독교 신자라고 하지만, 이 땅에서의 그들의 삶은 세속적인 방식으로 세상 사람들과 전혀 다를 것이 없습니다.

주님께서는 거짓 선지자에 대해서 통렬하게 비판하십니다. 거짓 신앙을 가진 사람이 심지어는 신앙 공동체의 지도자가 되기도 합니다. 거짓 선지자는 진실한 신앙을 가진 사람인 것처럼 위장합니다. 본심에는 자기 이익과 명예와 영광을 위한 탐욕, 자기중심적인 생각이 가득 차 있으면서도 겉으로는 가장 진실한 것처럼 위장합니다. 그 속에는 미움과 탐욕과 교만으로 가득 차 있지만, 겉으로는 겸손과 온유와 사랑으로 위장합니다. 겉으로는 온유하고 선량한 표정을 짓지만 속으로는 먹잇감을 찾으며, 그 먹잇감을 삼킬 음모만 꾸밉니다. 거짓 선지자들은 겉과 속이 완전히 다른 위선자요, 거짓말쟁이입니다. 성도들을 실족케 하고, 교회 공동체를 허무는 사탄의 앞잡이입니다.

거짓 신앙을 가진 사람들은 열성적이기까지 합니다. 그들은 "주여! 주여!" 큰 소리로 부르짖으며, 자기 열심을 드러냅니다. 그렇게 해서 자기 신앙을 과시합니다. 그러나 그 열심은 영적인 열심이 아니며 단지 자기 신앙을 크게 광고해서 영향력을 확대하기 위한 세속적인 열심입니다. 이단들이 정통 기독교보다 더 열심입니다. 전도훈련을 받고 나가서 전도를 해 보니까, 전도받는 사람이 어디에서 나왔냐고 해서, 어느 교회에서 나왔다고 하니까 "장로교도 전도합니까?" 하고 물어보더랍니다. 전도는 여호와의 증인만 하는 줄로 아는 것이지요. 여호와 증인은 교패 붙은 집만 전도하러 다닙니다. 그들이 얼마나 열심인지 모릅니다.

거짓 선지자들은 주의 이름으로 선지자 노릇도 잘 합니다. 유창한 말솜씨로 사람들에게 말합니다. 사람들에게 매력적이고 기분 좋은 위로의 말을 합니다. 사람들에게 칭찬과 인기 얻을 만한 말만 합니다.

예레미야 같은 참 선지자가 거짓 선지자에게 얼마나 배척당하고 핍박을 받았습니까? 하나님께서 이스라엘을 심판해서 외국 군대가 쳐들어오고, 이스라엘이 곧 망하게 되었는데도 거짓 선지자는 평강하다는 말만 전했습니다. 사람들에게 위로가 되고 기분을 좋게 하고 인기 있는 말만 합니다. 그들은 죄의 심각성과 심판의 필연성은 말하지 않습니다. 회개나 고난은 말하지 않습니다. 그들의 말에는 균형이 없습니다. 항상 듣기 좋은 말, 기분 좋은 말만 해서 인기를 얻었습니다. 발람 같은 거짓 선지자도, 예수님을 십자가에 못 박은 가야바 같은 대제사장도 하나님의 이름을 내세우며 자기 이익을 추구한 거짓 선지자들이었습니다. 하나님의 이름을 내세우면서 속으로는 자기 이익과 영광을 추구하였습니다. 거짓 선지자들은 하나님께로부터 말씀을 받지 않았음에도 불구하고, 말씀을 받은 것처럼 이야기합니다.

또 거짓 선지자들은 귀신을 쫓아내고, 권능을 행하기도 합니다. 그들은 놀라운 영적인 은사를 가지고, 놀랄 만한 능력을 행하고 기적을 일으킵니다. 예수님께서 12제자와 70인 제자를 파송하실 때에, 그들에게 귀신을 쫓아내고 기적을 행하는 능력을 주셨습니다. 그들이 나가서 복음을 전파할 때에 그런 놀라운 능력을 행했습니다. 거기에는 가룟 유다도 있었습니다. 가룟 유다도 마귀를 쫓아내고, 병을 고쳤으며, 능력을 행했습니다. 모세가 이스라엘 사람들을 애굽에서 이끌어 낼 당시에 여러 가지 많은 능력을 행했지만, 애굽의 마술사도 사탄의 능력을 힘입어 여러 가지 능력을 행했습니다.

놀라운 기적을 일으키는 사람 중에는 하나님의 영광을 구하지 않고, 자기 영광과 이익을 구하는 사람들도 얼마든지 많이 있습니다. 처음에는 예수 그리스도를 의지하여 겸손하게 놀라운 사역을 하던 사람들이, 나중에는 교만해서 그 은사가 자기 능력인 것처럼 과시하고, 신유의 능력으로 돈벌이까지 합니다. 기적과 능력이 따를 때는 그것으로 참 선지자인지를 구분하기가 어렵습니다. 그가 얼마나 겸손하게 하나님께 영광을 돌리느냐를 보고 참 선지자를 구분할 수 있습니다.

믿음의 진실성 분별

문제는 그들의 믿음의 진실성을 분별하기가 쉽지 않다는 것입니다. 텔레비전에 가짜 명품을 진짜 명품과 비교해 가면서 보여 주는데 정말 분별하기가 어렵습니다.

본문에서 우리 주님께서 진실한 믿음을 분별하는 원리를 말씀하시는데, 믿음의 열매, 증거를 보고 알 수 있다고 말씀하십니다. 아름다운 열매를 맺는 나무는 좋은 나무이고, 나쁜 열매를 맺는 나무는 못된 나무라는 것입니다. 저는 도시에서만 살아서 나무를 잘 모릅니다. 어떤 것이 사과나무, 배나무, 복숭아나무인지 분간하지 못합니다. 나무나 잎, 심지어는 꽃을 보고도 분간하지 못합니다. 그러나 열매를 보면 분간할 수 있습니다. 그 열매를 보고서야 사과나무, 배나무, 복숭아나무인지를 알게 됩니다. 더구나 나무만 보고 건강한 나무인지 병든 나무인지는 더더욱 알 수 없습니다. 그러나 열매가 굵고 실하게 열리면 건강한 나무이고, 열매가 안 열리거나 부실하게 열리면 병든 나무란 것을 알 수 있습니다. 열매를 보고 그 나무를 알 수 있는 것입니다. 마찬가지로 거짓된 신앙인지, 진실한 신앙인지는 그 사람의 열매를 보고 분별할 수 있습니다. 그 사람의 행동과 생활 속에서 열매가 아름답게 나타나면, 그 신앙은 분명히 진실한 신앙입니다.

믿음을 입으로 시인하고, 고백하는 것은 구원의 첫걸음입니다. 로마서 10장 10절은 "사람이 마음으로 믿어 의에 이르고 입으로 시인하여 구원에 이르느니라."라고 말씀합니다. 마음으로 믿어서 근본에서부터 변화되어, 입으로 예수 그리스도를 주님으로 고백할 때 구원받는다는 말씀입니다. 마음의 변화 없이 입술로만 고백한다면 형식적인 신앙고백일 뿐이며 그것은 가짜입니다.

한동안 미국에서 텔레비전에서만 전도하는 사람도 있었습니다. '텔레반젤리스트'라고 하는 프로그램으로 스타들이 많이 등장합니다. 그 사람들은 방송으로 설교합니다. 방언과 예언을 말하고, 신유집회를 합니다. 병고침을 받았다고 하는 사람이 나와서 간증도 합니다. 그들은 교회에서가 아니라 텔레비전에서만 사역하기 때문에 자기들의 사역을 위해 헌금을 해달라고 광고하여 많은 사람들이 헌금했습니다. 텔레비전에서는 놀랍게 사역했지만, 그들의 사생활은 엉망이었습니다. 삶이 엉망이 된 몇 사람의 사생활이 방송에 그대로 폭로되었습니다. 자가용 비행기, 요트에다가 별장이 몇 개씩 되고, 부인들은 보석들을 주렁주렁 달고 다닐 정도로 생활은 사치스러웠습니다.

나중에 음란하고 타락한 생활이 들통 나게 되자 텔레비전에 나와서 눈물을 흘리며 회개했습니다. 그러나 그것도 한 순간일 뿐 그들은 다시 똑같은 짓을 저질렀습니다. 그런 믿음은 거짓 믿음입니다.

물론 구원받는 것은 믿음에 의해서입니다. 인간의 행위나 수고, 그리고 공적으로 구원 받는 것이 아닙니다. 마음으로 믿으면, 근본에서부터 변화됩니다. 자기 죄의 심각성을 깨닫고 철저하게 회개합니다. 성령이 우리 안에 임하시면 인간 자아는 깨지고 자기중심적인 삶에서 하나님 중심의 삶으로 변화됩니다. 이기적인 삶에서 이웃을 사랑하는 이타적인 삶으로 변화됩니다. 내면이 완전히 변화되어 새로운 피조물이 되는 것입니다. 그렇게 변화가 되면, 이제는 내 뜻과 생각대로 살지 아니하고, 하나님 아버지의 뜻대로 살아갑니다. 하나님의 성품에 참여하여 예수 그리스도를 닮아갑니다. 그 어떤 희생과 손해와 고난이 있더라도, 좁은 문으로 들어가고 좁은 길로 갑니다. 하나님 나라의 소망이 분명하기에 어떤 불이익과 손해가 있어도 예수 그리스도만 따라가고 예수님만 닮아갑니다.

그리고 믿음으로 살아가는 가운데 성도는 성령의 열매를 맺습니다. 사랑과 희락과 화평과 오래 참음과 자비와 양선과 충성과 온유와 절제(갈5:22-23)의 열매를 맺습니다. 예수를 믿으면서 그 마음이 근본에서부터 변화되었다면, 삶 속에서 자연히 열매를 맺을 수밖에 없습니다. 이런 증거가 분명히 나타날 때에, 그것이 바로 진실한 믿음인 것입니다.

텔레비전에서 자주 음주운전 단속하는 장면을 보게 됩니다. 음주운전에 걸린 사람들은 하나같이 모두 술을 안 마셨다고 합니다. 그래서 차에서 내려서 걸어보라고 하면, 흔들흔들, 휘청휘청 제대로 걷지도 못합니다. 술에 취한 사람들은 자기는 취하지 않았다고 하지만, 술에 취한 증거가 겉으로 드러납니다. 걸음이 흔들리고, 가로등에 부딪히고, 인도 턱에 걸려 넘어지고, 말이 분명하지 않아서 횡설수설하고, 입에서는 술 냄새가 풀풀 납니다. 자기는 술에 취하지 않았다고 주장하지만, 술에 취한 증거가 외적으로 다 드러나서 누가 보아도 다 알 수 있습니다.

성령 충만한 사람도 이와 마찬가지입니다. 술에 취한 사람도 다른 사람이 보면 다 알 수 있듯이, 성령 충만한 사람도 다른 사람이 보면 다 압니다. 생활 속에서 그 증거가 드러나게 되어 있습니다. 말씀에 순종하고, 기쁨으로 찬송하고, 기도한 대로 살아야 합니다. 그리하면 삶에서 성령의 열매를 맺습니다(창 5:22-23). 환경에 좌우되지 않고 기쁨과 평안이 늘 넘치는 믿음의 증거가 드러납니다. 구원받은 믿음, 진실한 믿음은 생활 속에서 그 열매와 그 증거가 나타나게 됩니다. 다른 사람들이 다 보고 알듯이 속에서 흘러나오는 증거는 자연스럽게 드러나게 되어 있습니다. 벌써 예수 믿고 근본에서부터 변화된 사람은 그 변화를 다른 사람들이 보고 압니다. 삶에서 성령의 열매가 나타나는 것입니다.

거짓 믿음의 결과 – 심판

본문에서 우리 주님께서 거짓 믿음을 심판하시는 것을 보았습니다. 아름다운 열매를 맺지 못하는 나무는 찍혀 불에 던지운다고 말씀합니다. 믿음의 증거가 나타나지 않는 거짓 신자, 거짓 선지자는 심판을 면할 수 없다는 말씀입니다. "내가 너희를 도무지 알지 못하니 불법을 행하는 자들아 내게서 떠나가라(마 7:23)."라고 우리 주님께서 엄정하게 심판하십니다. 거짓 선지자들은 열심도 내고, 선지자 노릇도 하고, 능력과 기적도 행했지만, 그것이 그들을 구원하지 못했습니다. 하나님의 영광을 위해서 한 것이 아니라, 자기 이익과 명예를 위해서 한 일이기 때문에 그들의 모든 행동은 믿음의 행동으로 받아들여지지 않았습니다. 그들에게 남은 것이란 비참한 심판밖에 없습니다. 우리 주님께서 그들에게 선언하기를 '나는 너희들을 모른다' 며 그들과의 관계를 끊어버렸습니다. 그들은 슬피 울며 지옥에 갈 수밖에 없습니다. 진실한 믿음을 가진 사람, 아름다운 열매를 맺고 그 증거를 가진 사람들만이 천국에 들어갑니다. 우리 주님께서 그들을 천국으로 영접하고, 우리 하나님 앞에서 기쁨과 평안의 영원한 삶을 누리게 됩니다.

가짜가 되길 원하십니까, 진짜가 되길 원하십니까? 우리 주님께서 기뻐하시는 진실한 믿음의 사람들이 되시길 바랍니다. 삶에서 열매가 나타나고, 증거가 나타나야 진실한 믿음입니다. 예배드릴 때만 열매가 나타나는 것이 아니라, 교회 안에서, 가정에서, 직장에서 열매가 나타나야 합니다. 이것이야말로 참된 믿음의 증거이며 주님이 오시는 그날까지 하나님의 자녀인 우리가 마땅히 취해야 할 바른 태도입니다.

오직 믿음
(역대하 15장 8-15절)

선지자의 교훈

남쪽 애굽에서 백만 대군이 유다 왕국을 침략해 왔습니다. 어려움이 닥치자 유다의 아사 왕은 하나님께 부르짖어 기도했습니다. 애굽의 강한 군대 앞에서 자신이 연약한 존재임을 인정한 것입니다. 도와주실 분은 하나님밖에 없다고 하나님께 전적으로 의지하고 매달렸습니다. 아사 왕은 하나님의 약속을 붙잡고 기도했고, 하나님의 영광을 나타내 주시도록 기도했습니다.

마침내 하나님께서 개입하시고 역사하셔서 전쟁에서 승리를 거두었습니다. 하나님의 도우심으로 강한 군대를 물리쳤을 뿐만 아니라 국경 변방의 여러 도시들과 유목민들을 정복했습니다.

군사들은 승리의 기쁨을 가득 안고 예루살렘으로 개선해 들어왔습니다. 아사 왕과 군인들은 승전의 기쁨에 흥분하고 들떠 있었습니다. 모든 국민들도 기뻐했습니다. 애굽의 대군이 쳐들어 와서 모두 죽을 수밖에 없었던 상황이었는데 그 대군을 당당히 이기고 돌아왔으니, 그 기쁨은 말로 표현할 수 없었을 것입니다. 2002년에 월드컵을 치르면서 우리 나라 축구가 4강까지 올라갔을 때 우리가 얼마나 기뻐했습니까? 축구의 결과는 우리의 생존과는 아무 상관없는 것인데도 열광적으로 기뻐했습니다. 그 진한 감동을 한동안 잊을 수 없었던 것을 기억합니다. 그런데 지금 이들은 자신들의 생명을 위협하던 대군을 물리치고 승리를 한 것입니다. 군인들은 기쁨에 넘치고 기고만장해서 돌아왔습니다. 세상에 무서울 것이 없을 정도로 당당하게 돌아왔습니다.

이렇게 개선하는 아사 왕과 군인들을 하나님의 선지자가 나가서 맞이했습니다. 하나님의 신이 선지자에게 임하자 선지자는 권력자 앞에 나가서 담대하게 하나님의 말씀을 전했습니다. 이 선지자는 축하와 경축의 말씀이 아니고, 교훈과 권면의 말씀을 담대하게 전했습니다. 2절 말씀에, "그가 나가서 아사를 맞아 이르되, 아사와 및 유다와 베냐민의 무리들아, 내 말을 들으라. 너희가 여호와와 함께하면 여호와께서 너희와 함께하실지라. 너희가 만일 그를 찾으면 그가 너희와 만나게 되시려니와 너희가 만일 그를 버리면 그도 너희를 버리시리라." 이렇게 말했습니다.

선지자의 권면은 분위기에 잘 어울리지 않는 선포였습니다. 기쁨으로 개선하는 왕과 군인들, 흥분으로 들떠 있는 이들에게 찬물을 끼얹는 말이었습니다. 하나님께서 그 선지자에게 감동을 주셨으므로 이 선지자는 당연히 받은 말씀을 전하지 않을 수 없는 일이었습니다. 개선하는 왕과 군인들이 교만하지 않도록, 그들에게 유익이 되는 말씀을 전했습니다. 이 말씀은 국가 운영의 방향과 기초이자 국가가 안정되고 평안을 얻을 수 있는 기초가 되는 말씀이었습니다. 민족이 하나님으로부터 복 받고 번영할 수 있는 말씀이며 민족이 바르게 나가고 정의롭게 살 수 있는 말씀이었습니다.

선지자는 "너희가 여호와와 함께하면, 여호와께서 너희와 함께 하실지라(2)."라고 선언했습니다. 하나님과 함께 하라는 엄중한 말씀입니다. 즉, 하나님과 친밀한 교제를 하고 동행해야 한다는 말씀입니다. 이와 같이 하나님과 함께 하면, 하나님께서도 그 백성과 함께 하십니다. 그 백성이 어려움을 당할 때, 하나님께서는 함께 하시고 도와 주십니다. 그 백성이 환란을 당하여 넘어질 때, 하나님께서는 거기에 함께 계시고 백성을 일으켜 세워 주십니다. 그 백성이 방황하고 혼란스러울 때는 하나님께서는 함께 하셔서 자신의 백성을 인도해 주십니다.

선지자는 계속해서 "너희가 만일 그(하나님)를 찾으면 그가 너희와 만나게 되신다"고 말씀합니다. 이 말씀은 하나님의 뜻을 찾아 하나님께 경배하고, 하나님의 말씀 따라 순종하라는 대언의 말씀이었습니다. 간절한 마음으로 하나님을 찾을 때, 하나님을 만나게 됩니다. 사모하는 마음으로 하나님의 뜻을 찾을 때, 하나님께서는 자신의 뜻을 보여 주십니다. 애타는 마음으로 하나님의 도우심을 찾을 때, 하나님께서 우리를 만나 주시고, 도움을 주시고, 복을 주십니다.

그러나 만약 백성이 하나님을 버리면, 하나님도 그 백성을 버리십니다. 하나님을 버리고, 하나님을 배신하고, 하나님을 떠나면, 하나님께서도 그 백성을 버리십니다. 하나님께서 버리신다는 것이 무슨 뜻일까요? 그것은 곧 저주를 의미합니다. 하나님이 그 백성을 버리시면, 아무리 자신들이 능력이 있어도 어찌할 도리가 없습니다. 어려움이 닥쳐 고난을 만나도, 하나님의 도우심을 받을 수가 없습니다. 그들의 결말은 파멸할 수밖에 없습니다.

전쟁에서 승리하고 돌아온 왕과 군인들에게 한 선지자의 교훈과 권면은 단순한 것입니다. "하나님을 찾고 하나님을 만나서 하나님과 함께 하는 것만이 복 받는 길이다. 그러나 만약 인간의 능력이나 물질이나 전통을 찾고 하나님을 버린다면, 그것은 저주를 받는 길이다."라는 말씀입니다. 즉 오직 믿음으로만 살 수 있다는 뜻입니다.

이 사람들이 누구입니까? 지금 100만의 대군을 물리치고, 승리하고 돌아온 사람들입니다. 얼마나 의기양양하고 자신만만했겠습니까? 세상에 그 무엇도 무서운 것이 없을 정도로 당당함이 있었습니다. 그런데 그 사람들에게 한 얘기가, ‘너희가 승리한 것은 너희들이 군대가 많아서가 아니다. 너희가 능력이 있어서도 아니고 용기가 있어서도 아니다. 너희가 승리한 것은 전적인 하나님의 도우심이다.’ 라는 말이었습니다. 다시 말해서 ‘너희가 승리한 것은 하나님의 도우심으로 된 것이니, 하나님을 찾고 하나님을 의지하라’ 는 것입니다.

종교개혁자들이 중세교회를 개혁할 때에 여러 가지 표어를 내세웠습니다. 그 가운데 하나가 “오직 믿음”입니다. 오직 하나님의 말씀, 오직 하나님의 은혜 등 여러 가지 표어들이 있었지만, 그 가운데 하나가 “오직 믿음”입니다. 인간의 행위나 공로로 은혜를 받는 것이 아니라는 말씀입니다. 오직 믿음으로만 인간이 구원을 받습니다. 에베소서 2장 8, 9절 말씀을 보시면, “너희가 그 은혜를 인하여 믿음으로 말미암아 구원을 얻었나니 이것이 너희에게서 난 것이 아니요 하나님의 선물이라. 행위에서 난 것이 아니니 이는 누구든지 자랑치 못하게 함이니라.”라고 말씀하고 있습니다. 착한 일, 좋은 일을 많이 했다고 해서 구원받는 것이 아닙니다. 인간은 오직 믿음으로만 구원을 받습니다.

중세교회는 착한 일을 많이 하고, 공로를 많이 쌓으면 구원을 받는다고 가르쳤습니다. 그래서 사람들이 구원받기 위해 고행을 했습니다. 금식도 하고, 무릎으로 계단을 오르기도 하며, 성지순례도 했습니다. 공덕을 쌓기 위해서 온갖 애를 썼습니다. 헌금도 많이 했습니다. 심지어 성자들은 구원받을 분량보다 더 많은 공덕을 쌓았기 때문에 헌금을 하면, 그 성자들의 남는 공덕을 사서 구원받을 수 있다고 하면서 면죄부를 파는 짓까지 자행했습니다. 교회는 부패할 대로 부패하고, 타락할 대로 타락해 버렸습니다.

이때에 많은 종교개혁자들이 일어나 그것은 틀렸다, 선행으로 구원받는 것이 아니라 믿음으로만 구원받을 수 있다는 진리를 선포하고 종교개혁을 일으켰습니다. 우리가 구원받는 것은 우리의 공로로 구원받는 것이 아닙니다. 예수 그리스도께서 나의 구주이시고, 인생의 주인이신 것을 믿어야 구원을 받는 것입니다.

아사 왕의 실행

아사 왕이 승리의 기쁨에 도취되어 오다가 선지자의 말씀을 듣고 자기를 돌아보았습니다. 내가 잘해서 승리한 것이 아니라, 하나님의 도우심으로 승리했다는 사실을 다시 한 번 깨달았습니다. 하나님을 찾고, 믿음으로만 살 수 있다는 이야기를 들었을 때에, 이 말씀을 달게 받아들였습니다. 그리고 용기를 내서 전국적으로 철저한 종교개혁을 단행했습니다. 각 지파마다 세워진 가증한 우상들을 모두 제거했습니다. 우상숭배 하는 불신앙과 종교적으로 타락한 풍습을 모두 몰아냈습니다. 우상숭배 하면서 음란한 짓을 하는 부도덕한 풍습을 모두 쫓아냈습니다. 전국적으로 백성들의 종교와 신앙을 깨끗하게 정화했습니다. 영적으로 부패하고 타락한 것을 제거하고 거룩하게 만들었습니다.

그리고는 성선을 다시 수리하고, 백성들을 성전에 모아서 하나님 앞에 희생 제사를 드렸습니다. 아사 왕이 다스리는 나라는 팔레스타인 전체 중에서 남쪽 왕국 유다입니다. 남쪽 왕국 유다 백성들을 모두 예루살렘에 모았습니다. 북쪽 이스라엘 왕국의 백성들 중에도 하나님께서 아사 왕과 함께 하시는 것을 보고, 예루살렘을 찾아온 사람들도 많았습니다.

그리고 전쟁에서 전리품으로 빼앗아온 소와 양을 하나님께 희생제물로 드렸습니다. 얼마나 많은 양의 가축들을 드렸는지, 소 칠백과 양 칠천으로 하나님께 제사를 드렸다고 합니다. 엄청난 수의 가축을 하나님께 드렸습니다. 사울 왕과는 완전히 달랐습니다. 사울 왕은 아말렉을 쳐서 다 진멸하라고 했는데 좋은 것은 다 숨겨두었습니다. 사울 왕은 하나님께 좋은 것을 다 제물로 드리려고 했다고 변명까지 했습니다. 사울 왕과는 전혀 다른 태도였습니다.

그뿐 아니라 은그릇, 금그릇을 하나님의 성전에서 사용하도록 드렸습니다. 하나님 앞에 물질을 모두 드렸다는 것은 물질에 마음을 두던 것을 다 내버렸다는 것을 의미합니다. 재물을 하나님께 바침으로 재물이 아니라 하나님을 찾는 믿음을 나타낸 것입니다. 오직 믿음으로만 사는 마음의 태도를 표현한 것입니다. 그것이 헌신입니다. 헌신이라고 하는 것은 내가 믿음으로만 살겠다고 하는 마음의 표현입니다. 그것이 헌신입니다. 가장 소중한 물질을 하나님께 드리는 것은 물질로부터 자유케 되는 것이고, 하나님의 뜻대로만 살겠다는 표현입니다.

그리고 왕과 백성들은 하나님을 찾기로 언약을 세우고, 모든 백성이 함께 맹세했습니다. 15절 말씀을 보십시오. "온 유다가 이 맹세를 기뻐한지라. 무리가 마음을 다하여 맹세하고 뜻을 다하여 여호와를 찾았으므로 여호와께서도 저희의 만난 바가 되시고 그 사방에 평안을 주셨더라." 하나님께 예배하고 하나님만 섬기겠다는 그 언약은 어느 한 개인의 언약이 아니라 민족 공동체 전체가 함께 하는 언약이었습니다. 거기에 한 개인의 이의가 있을 수 없었습니다. 공동체 전체가 빠짐없이 복종하고 지키기로 작정했습니다. 즉 왕과 백성 모두가 하나님께 결단한 것입니다. 이 결단은 곧 "우리가 근본에서부터 변화되었습니다."라는 선언이었습니다. 하나님 앞에 이렇게 언약을 갱신했다는 것은 하나님과 하나님의 백성이 언약으로 맺어진 특별한 관계이고, 이스라엘 백성은 이 언약으로 하나 된 공동체가 되었음을 의미합니다.

하나님과 체결한 언약은 조상 때부터 이어져 온 언약이었고, 자손 대대로 지켜야 할 언약이었습니다. 그들은 모두가 한 마음이 되어 맹세했습니다. 정말 대단한 영적 부흥이 일어난 것입니다. 전쟁에서 승리했을 때의 기쁨과는 또 다른 기쁨이 있었습니다. 외적으로도 승리를 하고, 내적으로도 변화가 되어 엄청난 기쁨을 누렸습니다.

이러한 철저한 종교개혁을 했을 때에 모두가 다 잘된 것은 아니었습니다. 13절에 하나님을 찾지도 섬기지도 않는 사람, 언약에 함께 맹세하지 않는 사람은 지위고하, 남녀노소를 불문하고 모두 처형하기로 결정했습니다. 그런데 왕의 어머니인 태후가 그 언약을 어기고 우상숭배를 했습니다. 왜 그랬을까요? 왕의 어머니이기 때문에, 권력을 가진 사람이기 때문에, 특권 의식을 가지고 있었던 것입니다. 모든 사람들이 우상을 버리고 하나님을 섬겼지만, 자신은 왕의 어머니라는 특권 의식에 사로잡혀 하나님과 맺은 언약을 무시하고 계속 우상숭배를 했습니다. 왕의 어머니는 자신의 지위만 믿고 하나님을 멀리하고 백성이 맹세한 언약을 무시했습니다. 하나님을 무시하는데 그 지위를 어떻게 유지할 수 있겠습니까? 그녀는 파멸을 자초했습니다.

아사 왕은 즉시 자신의 어머니를 태후의 직위에서 폐위하고 우상을 전부 제거하였습니다. 왕의 어머니도 종교개혁에서 예외가 될 수 없었습니다. 오직 하나님만 믿는 신앙에 어떤 사람도 방해가 되어서는 안 되었기 때문입니다. 태후가 인간적으로 아무리 소중하더라도 하나님보다 소중할 수는 없었습니다. 왕의 가정이 모범이 되지 않으면, 국가 공동체의 신앙을 바로잡을 수 없었습니다.

그래서 아사 왕은 백성들을 개혁하기 전에, 자기 가정을 먼저 개혁했습니다. 왕과 왕의 가정을 정결하게 한 후 모든 백성을 정결하게 하였습니다. 왕이 이렇게 자신의 어머니를 폐위할 정도로 철저히 개혁하니까, 다른 모든 고위 관리들도 따라갈 수밖에 없었고, 백성들도 그를 존경하여 그대로 따라갔습니다. 온 나라가 철저히 개혁하여 정결하게 되었습니다.

평안

이렇게 왕과 백성이 마음을 다하여 뜻을 다하여 하나님을 찾으니까, 성경은 여호와께서도 저희의 만난 바가 되셨다고 말씀합니다. 하나님이 그들의 하나님이시고, 그들은 하나님의 백성임을 그들 앞에 분명히 확인해 주셨습니다. 하나님을 만나는 체험은 놀라운 기쁨입니다. 그들은 자기들이 하는 일이 바른 일임을 확신하고 담대함을 가졌습니다. 그들은 하나님을 만나는 체험함으로 평안을 얻었습니다.

예배를 드릴 때 우리에게 있어 가장 중요한 일은 하나님을 찾는 일입니다. 우리가 진실된 마음으로 하나님을 찾을 때 하나님께서 우리를 만나 주십니다. 하나님께서 우리를 만나 주시면, 예배의 목적을 달성해서 하나님의 은혜를 받게 됩니다. 하나님께서 우리를 만나 주시면, 말할 수 없는 기쁨과 평안을 누리게 됩니다. 하나님께서 우리를 만나 주시면, 확신을 얻고 담대하게 됩니다. 예배를 드릴 때마다 진실된 마음으로, 간절한 마음으로 하나님을 찾아야 합니다.

하나님께서 아사 왕과 왕국을 평안하게 하셨습니다(15). 전쟁 없이 평화를 누렸습니다. 안보가 튼튼해지고 내적으로는 신앙이 바로 서고 도덕적으로 정결하게 되었습니다. 안팎으로 나라가 바르고 안정되게 서 갔습니다. 나라가 하나님으로부터 큰 복을 받게 된 것입니다.

하나님을 버리고 인간의 능력이나 물질이나 전통을 의지하면, 하나님께서도 버리십니다. 하나님이 버리시면, 인간은 멸망하고 맙니다. 우리가 구원받는 것은 오직 믿음으로 구원받는 것이지 우리의 노력이 결코 아닙니다. 우리가 사는 것은 오직 믿음으로 사는 것입니다. 그런데 당신이 찾고 믿는 것이 무엇이며 당신이 자랑하고 내세우는 것이 무엇입니까? 가문이나 학벌입니까? 아니면 물질이나 능력이 당신의 자랑거리인가요? 교회에서 당신은 어떤 모습입니까? 교회생활 오래한 것이 신앙에 보탬이 되었나요? 교회에서 얻은 직분이 당신의 영적 상태를 대변해 줍니까? 이런 것들로는 구원을 받지 못할 뿐만 아니라 신앙 성장에 전혀 도움이 되지 않습니다. 왜냐하면 출발점이 영적인 것이 아니라 육신적이기 때문입니다. 이런 것들은 우리가 추구해야 할 것이 아닙니다. 우리가 가야 할 길은 믿음으로 구원을 받고, 믿음으로 살아가는 것입니다.

의인은 오직 믿음으로 산다고 성경은 말씀하고 계십니다. 신앙생활의 시작도 믿음이요, 마지막도 믿음입니다. 구원도 믿음에서 나며 하나님의 자녀로서 자라는 데에도 믿음이 필요합니다. 하나님께서 우리들에게 거저 주신 하나님의 아들의 믿음을 되새겨 보는 하루가 되시길 바랍니다.

기다리는 믿음
(시편 130편 1-8절)

젊은 날 교회학교 교사 시절 예배 시간에 있었던 이야기입니다. 보통 아이들은 예배 시간에 집중을 잘 하지 못합니다. 아이들이란 본래 장난을 좋아하고 산만해서인지 예배 시간 중에 소란을 많이 피웁니다. 특히 기도하는 시간은 더욱 그렇습니다. 눈 뜨고 있을 때에는 그래도 선생님이 조용히 하라고 하고 눈총도 주니까 조용히 하는 척 하는데, 기도하는 시간엔 가만히 있지를 못하고 부스럭대고 앞사람을 쿡쿡 찌르는 장난을 쉽게 볼 수 있습니다. 그리고 기도가 끝나면 꼭 한 아이가 "선생님, 저 애 기도 시간에 눈 뜨고 장난했어요."라고 고자질을 합니다. 사실 고자질한 아이도 기도 시간에 눈을 떠서 알 텐데 말입니다.

그런데 예배 시간에 아이들만 집중하지 못하는 것이 아니라 어른들도 마찬가지입니다. 예배드릴 때에는 하나님께만 집중해야 하는데, 머릿속에 오만 가지 잡념들로 가득 합니다. 예배 시간에 하나님을 바라보고 하나님께 집중하는 것이 가장 중요합니다. 하나님께 집중하기를 실패하면, 예배도 실패합니다.

시편 130편 말씀을 보면, 먼 길을 여행한 이 순례자는 예루살렘 성전에 와서 하나님 앞에 예배드릴 때에 하나님께만 집중했습니다. 하나님 앞에 선 인간으로서 나의 모습과 나의 처지가 어떠한지를 보았고, 그 다음에 하나님께서는 사랑과 용서의 하나님이신 것을 보았습니다. 1절 말씀을 보면, "여호와 여, 내가 깊은 곳에서 주께 부르짖었나이다."라고 고백하고 있습니다. 순례 자는 성전 안에 들어와서 하나님 앞에 섰을 때에 자기 자신이 깊은 수렁에 빠져 있음을 하나님 앞에서 고백하고 있습니다. 도저히 자기 혼자서는 헤어 나올 수 없는 상황입니다.

사람들은 흔히 병에 걸리거나 사업이 실패한다든지 가정에서 갈등이 있을 때 깊은 고통을 경험하게 됩니다. 혹은 사람들과의 관계에서 여러 가지 어려 움을 겪게 되면 열등감이나 소외감에 깊이 빠져 좌절과 절망을 느끼기도 합 니다. 그런데 이 순례자는 자기 집에서부터 먼 길을 여행해 예루살렘까지 와 서 하나님 앞에 예배드리는 것입니다. 아마도 그런 어려움 가운데에 빠진 사 람이라면 오기가 어려웠을 것입니다.

순례자는 겉으로 보기에는 아무 문제가 없는 사람이었습니다. 직장도 가 정도 화목했고, 건강에도 아무런 문제가 없었습니다. 겉으로 봤을 때 그 사 람은 성공한 인생을 살아가는 사람이었습니다. 그러나 하나님 앞에서 자기 가 살아온 인생을 돌이켜 보니까 지금 깊은 수렁에 빠져 있음을 알게 되었습 니다. 외형적으로는 성공한 인생을 산 것 같지만 내면적으로는 깊은 공허함 과 허무함이 있었습니다. 자기가 성공했다고 하는 생각이 허무하게 변했습 니다. 깊은 좌설과 절망을 느끼고 번뇌와 번민에 빠졌습니다. 깊은 수렁에 빠져 나 혼자 도저히 헤어 나올 수 없다는 생각에 잠겼습니다.

우리가 신앙생활 해 나가면서도 겉으로는 아무 문제가 없고, 성공한 인생 을 살아가는 것같이 보일 수 있습니다. 그렇지만 내면은 깊은 수렁에 빠진 것같이 고통을 겪을 때가 종종 있습니다. 마음 한가운데에 말할 수 없는 두 려움과 불안, 우울함과 무기력함이 찾아듭니다. 공허한 것을 덮어버리기 위 해 때로는 사람들 앞에서 쓸데없는 허세를 부리기도 하고, 가족이나 가까운 사람에게 괜히 화를 내고 분노를 터뜨릴 때도 있습니다.

죄의 심각성

이 순례자가 하나님 앞에 앉아서 자기 인생을 돌아보니까 자기가 깊은 수렁에 빠져 있음을 알고 낙심에 빠졌습니다. 이 깊은 수렁에 빠진 원인을 차근차근 점검해 보면서 그 원인이 바로 자신의 죄악으로부터 왔다는 사실을 깨닫게 되었습니다. 자기의 죄로 인해서 지금 자기의 삶이 이렇게 깊은 수렁에 빠지게 된 것입니다.

자기의 삶을 돌이켜 보니까 하나님을 멀리하고 자기 자신이 인생의 주인이 되어 살아왔다는 것을 깨달았습니다. 당신의 죄 가운데 가장 큰 죄, 죄 가운데 가장 기초적인 죄는 바로 교만입니다. 하나님의 형상대로 창조된 인간이 창조주이신 하나님, 주인이신 하나님께 순종하지 않는 것이 교만입니다. 교만은 자기가 스스로 주인이 되어 자기 생각, 자기 판단, 자기 계획대로 자기 이익을 따라 살아가는 것입니다. 하나님의 말씀이 원칙과 기준이 아니라 바로 자기 자신을 인생의 기준과 원칙으로 삼습니다. 자기 양심에 따라서 살아간다지만, 이 양심이라는 것은 상황이나 자기 이익에 따라서 얼마든지 변하는 것이므로 원칙이 없는 것과 마찬가지입니다. 주님께서는 이웃을 사랑하라고 명령하셨지만 사랑할 만한 사람을 사랑하고, 사랑할 가치가 없는 사람을 미워하는 것이 인간이 가진 본성이자 삶의 원칙입니다.

순례자는 바로 이렇게 하나님의 말씀에 불순종했고 교만했습니다. 아무리 인간이 그렇다 할지라도 하나님께서 일일이 그 죄를 살피십니다. 문제는 사람은 죄인이라 죄를 즐기지만 우리 하나님께서는 죄를 미워하시는 데에 있습니다. 죄에 대해서 진노하시고 심판하시고 벌하실 수밖에 없습니다. 살아가면서 죄를 짓는 것은 자기 마음이겠지만, 분명한 것은 자기가 자행한 죄에 대하여 반드시 책임을 져야만 한다는 것입니다.

죄에 대해서 하나님의 심판이 있습니다. 하나님의 의에 미치지 못하는 죄인은 결국 멸망할 수밖에 없습니다. 본문 말씀에서 시인은 하나님 앞에 엎드렸을 때에 자기가 지금 깊은 수렁에 빠져 있고, 그 깊은 수렁에 빠진 원인이 죄악 때문이란 사실을 알았습니다. 하나님께서 사람의 죄를 하나하나 살피신다면, 그 앞에서 살아남을 자가 없다는 사실을 알고, 자기의 처지가 너무나 심각한 위기에 놓여 있다는 사실을 깨달았습니다.

하나님 앞에 예배드리기 위해서 앉아 있지만, 하나님 앞에서 내가 비참한 죄인이고 멸망 받을 수밖에 없는 죄인이라는 사실을 알게 되었을 때에 얼마나 끔찍하고 괴롭겠습니까? 자기가 자기 인생의 주인 노릇하는 것이 당연한 것같이 느끼시겠지만 자기 생각대로 삶을 영위하는 것은 모두가 죄입니다. 대부분의 사람들은 겉으로는 아무 문제가 없는 것같이 살아갑니다. 죄를 지으면 책임을 져야 하고 하나님의 심판을 받아야만 됩니다. 때로 어려움으로 인해서 깊은 수렁에 빠질 때도 있을 것입니다.

하나님의 사랑

그러나 본문 4절 말씀을 보면, 하나님 앞에서 내가 비참한 죄인이고, 멸망 받을 수밖에 없는 죄인이지만, 하나님은 사랑이시기에 우리를 용서하시고 구원하실 분이라는 사실을 확신했습니다. 순례자는 하나님께서 사랑이 많은 분이시고 용서하시는 분임을 신뢰하고 확신했습니다.

우리 하나님의 본성은 사랑입니다. 하나님께는 두 가지 속성이 있는데 하나는 '의' 라는 속성이고, 다른 하나는 '사랑' 이라는 속성입니다. 하나님은 의의 본성이 있어서 죄를 보면 미워하시고 죄인을 심판하십니다. 그러나 다른 한편 하나님은 사랑이신지라 죄인이 회개하고 돌아오면 용서하시고 사랑을 베푸셔서 구원하십니다. 하나님께는 두 가지 속성이 있지만 성경을 읽어 보면 하나님께는 '의' 라는 속성도 다 '사랑' 이라는 속성 안에 포함된다는 생각을 가지게 됩니다.

하나님의 사랑은 부모와 자식 간의 사랑과 다르지 않습니다. 부모는 자녀가 부족한 점을 가지고 있어도 사랑하고 자녀의 연약함을 담당합니다. 부모는 그것을 보충해 주고 그것을 대신 짊어지기 위해 애를 씁니다. 자녀가 고민하는 것을 아파하고 사랑으로 감쌉니다. 자녀가 죄를 짓거나 어떤 문제가 생기면 부모들이 벌을 줍니다. 그러나 부모가 자녀들에게 주는 벌에는 사랑이 포함되어 있습니다.

세상에서 제일 어려운 직업이 '부모' 라고 합니다. 다른 직업은 자기의 노력에 달렸지만 '부모' 는 자녀를 키우는 데에 있어 부모만 열심히 한다고 해서 다 되는 것이 아닙니다. 부모 마음대로 자녀들이 다 되어 주면 얼마나 좋겠습니까? 다 자녀들이 잘되라고 훈계하고 벌을 주는 것인데, 자녀들은 자기가 잘못했으면서도 오히려 화를 내고 큰소리치고 튀어 나갑니다. 남이라면 다시 안 보겠지만, 자녀의 경우에는 그렇지 않습니다. 자녀일 경우에는 괘씸하고 서운한 마음이 들겠지만 다시 다가가서 품어 주고, 사랑으로 용납하는 것이 부모입니다.

우리 하나님께서는 어떻게 하실까요? 하나님께서는 사랑이 본성이시기 때문에 죄인까지도 사랑하시고 품어 주십니다. 그것이 바로 우리 하나님의 사랑입니다.

하나님께서는 죄인을 사랑하심으로 죄인이 하나님께 나와 회개할 때에는 모든 것을 용서해 주십니다. 그러나 완악하고 강퍅한 인간들은 자기 죄를 회개하지 않고 어떻게 하든지 도망가려고 합니다. 그러면 하나님께서 회개케 하기 위하여 깊은 고통으로 이끌고 가서 죄를 깨닫게 하십니다. 그가 회개하고 돌아올 때에 하나님은 그를 용서해 주십니다. 우리 하나님의 용서가 가장 강하게 드러난 절정은 바로 그 아들 예수 그리스도를 이 땅에 보내시고 십자가에 죽게 하신 일입니다. 그 아들 예수께서 대신 죽으심으로 인간의 죄를 용서하셨습니다. 누구든지 자기의 죄를 고백하고 십자가 앞으로 나오는 사람은 모두 용서하셨습니다.

하나님은 우리의 죄를 용서하심으로 우리를 구속하셨습니다. 우리를 죄에서 자유케 하셨습니다. 인간 중 어느 누가 이런 일을 할 수 있습니까? 하나님만이 바로 죄인까지도 사랑하고 구원하실 수 있는 분이십니다.

순례자는 하나님 앞에서 자기 인생을 돌이켜 보니까 비참함과 절망을 느꼈지만, 그 순간 우리 하나님께서는 사랑이 많으셔서 죄를 용서하시고 자신을 죄에서 구원하실 분이란 것을 확신했습니다. 자신이 이 깊은 고통에서 구원받을 길은 하나님만 의지하고 모든 것을 맡기는 길밖에 없다는 것을 알았습니다.

그렇습니다. 이 세상에서 죄인을 사랑하는 사람은 아무도 없습니다. 죄인은 다 버림을 받아야 마땅하지만 하나님께서는 사랑의 하나님이시기 때문에 죄인을 사랑하시고 용서하시며 또한 부르십니다.

하나님을 바라고 기다리는 믿음

순례자는 깊은 수렁에 빠져 비참했지만, 하나님께서 사랑하시고 구원하신다는 사실을 믿고 하나님을 바라보았습니다. 1절에 순례자가 하나님께 자기 깊은 데서 부르짖는다고 말씀하는 것은 하나님 앞에서 자기 죄를 다 드러낸다는 것을 의미합니다. 사랑의 하나님께서 용서하실 것을 확신하기 때문에, 자신의 모든 죄를 하나님 앞에 다 고백했습니다. 깊은 수렁에 빠져 보니까 자기의 죄를 깨닫게 되고 겸손한 죄인으로서 자신의 모든 죄를 낱낱이 하나님 앞에 드러냈습니다. 회개라는 것은 자기의 숨겨진 죄를 낱낱이 드러내는 것이기 때문에 부끄럽고 고통스러운 일입니다. 그러나 수치스럽고 고통스러워도 이 길밖에 없습니다. 내면의 깊은 고통과 죄에서 벗어날 수 있는 유일한 길입니다. 회개하는 것이 수치스럽고 고통스러워 죄를 덮어둔다면, 자기가 빠져 있는 깊은 고통에서 결코 벗어날 수 없습니다.

버리고 기다림

순례자는 그래서 부르짖었습니다. 자기의 모든 죄를 낱낱이 다 드러냈습니다. 그리고는 용서하시는 하나님, 구원하시는 하나님을 바라보았습니다. 5절 말씀에 그는 고백하기를 "나 곧 내 영혼은 여호와를 기다리며 나는 주의 말씀을 바라는도다"라고 했습니다. 하나님의 사랑과 신실하심에 확신이 있기 때문에, 하나님의 용서를 희망 가운데 바라고 있는 것입니다. 희망을 가지고 하나님을 바라보고 기다린다는 말씀은 하나님 앞에 내 인생 전체를 다 맡긴다는 의미이며 하나님께 완전히 항복하는 것을 말합니다. 내가 주인 노릇하던 것, 내가 스스로 무슨 일이든 할 수 있다고 교만했던 것을 모두 포기하고 하나님 앞에서 자신을 낮추어 순종하는 것입니다.

깊은 곳에 빠지게 되면, 빛이 들어오는 곳은 위밖에 없으므로 옆은 보이지 않습니다. 하나님 외에는 구원의 길이 없기 때문에 위기의 사람은 하나님만 바라보아야 합니다. 스스로 하고자 하는 모든 인위적인 노력은 다 포기해 버리고 두 손 들고 하나님만을 바라보고 그분의 때를 기다려야 합니다.

파수꾼의 기다림

6절 말씀에서 이렇게 하나님을 바라보고 기다리는 것을 파수꾼이 새벽을 기다리는 것에 비유하고 있습니다. 전방부대 철책초소 근무는 하룻밤에 2교대를 합니다. 그 긴긴 밤을 두 번에 나누어서 근무하니까 약 6시간 혹은 8시간을 총을 들고 추위 속에서 서 있어야 합니다. 겨울에 전방은 얼마나 추운지 모릅니다. 옷을 아무리 입어도 춥습니다.

방한모를 쓰고, 방한복을 입고, 방한화를 신고 있으면 사람이 둥글둥글해집니다. 모양이 그러다보니 한번 넘어지면 일어나질 못합니다. 그러고도 발이 시려워 콩당콩당 뜁니다. 그리고 방한모로 얼굴을 감싸면 눈과 입, 광대뼈만 남습니다. 이 광대뼈를 부지런히 비비지 않으면 광대뼈에 동상이 걸립니다. 또 얼마나 배가 고픈지, 저녁 6시에 밥을 먹어도 밤새 나가서 보초를 서니 배고픈 것은 이루 말할 수도 없습니다.

그뿐만 아니라 별의별 무서운 전설이 떠돌아다닙니다. 초소 뒤가 묘지였다는 등의 갖가지 무서운 전설들이 나돕니다. 가뜩이나 이렇게 무서운 가운데 서 있을 때 한 번씩 여우나 노루 우는 소리가 들려오면 몸이 오싹해집니다.

긴긴밤을 추위와 배고픔과 지루함 가운데에 서 있다 보니 보초의 유일한 희망이라면 아침이 속히 오는 것입니다. 아침에 동이 터 오면, 보초는 근무를 끝내고 들어가서 편히 쉴 수 있습니다. 초소 근무자는 아침이 올 것을 믿습니까, 안 믿습니까? 근무자는 내가 이렇게 지루하고 힘들게 서서 밤을 보내지만, 분명히 아침이 올 것이란 희망을 가지고 말없이 기다립니다. 솔직히 자신이 할 일은 아무 것도 없습니다. 단지 기다리는 것뿐입니다.

수렁에 빠진 비참한 죄인에게 있어 단지 바라보고 기다릴 것이 무엇입니까? 사랑의 하나님, 용서의 하나님입니다. 하나님께서 사랑의 하나님이시기에 용서해 주시고 구원해 주실 것이라는 확신을 갖고, 하나님의 때를 기다리는 것입니다.

우리가 인생을 살다 보면, 깊은 수렁에 빠질 때가 있습니다. 깊은 수렁에 빠질 때가 바로 내가 비참한 죄인이라는 것을 깨닫게 되는 시기입니다. 우리는 우리 자신이 비참한 죄인이라는 사실을 인정해야 합니다. 비참한 죄인으로서 깊은 수렁에서 하나님을 바라보면 구원을 받을 수 있습니다.

하나님은 사랑이십니다. 하나님께서는 죄인까지도 사랑하시며 용서해 주십니다. 우리는 그 사실을 믿어야 합니다. 사랑의 하나님께서 우리를 구원해 주실 것이라는 믿음을 가지고 그분을 바라보아야 합니다.

믿음이 이기네

(히브리서 11장 33-40절)

미국에는 "명예의 전당"이라는 것이 있습니다. 명예의 전당은 뉴욕대학교에 있는 기념관에서 유래되었습니다. 위대한 업적을 남겨 미국 사회에 기여하고, 미국인들에게 지속적인 존경을 받아 온 사람들을 각 분야별로 선정하여 명예의 전당에 올립니다. 이 명예의 전당에는 독립전쟁의 영웅이고 국부인 조지 워싱턴, 노예 해방을 한 아브라함 링컨, 강철 왕 앤드류 카네기와 같은 102명의 위인들의 흉상이 있습니다. 흉상에는 그 사람들의 이름과 생년월일, 그 사람들이 남긴 말, 업적 등이 간략하게 기록되어 있습니다.

뿐만 아니라 각 스포츠 단체에도 명예의 전당이 있어서 야구인의 명예의 전당, 미식축구, 아이스하키 등등의 명예의 전당이 있습니다.

또한 LA 헐리우드에는 영화배우의 손을 찍은 핸드프린팅 동판을 길바닥에 장식해 놓아 그들의 삶과 작품을 기리고 있습니다. 그러면 사람들이 지나다니면서 배우의 동판을 보게 됩니다. 어떤 사람들은 자기들이 좋아하는 배우의 손바닥이 찍힌 곳에 꽃다발도 갖다 놓고, 사진을 찍기도 합니다.

믿음으로 이긴 사람들

사람들에게 존경을 받고 사랑받는 사람들이 명예의 전당에 올라가는데 성경에서 히브리서 11장은 신앙인의 명예의 전당이라고 말할 수 있습니다. 아벨에서부터 시작하여 많은 신앙의 위인들 중 특별한 사람들의 이름이 나옵니다. 그들이 히브리서 11장에 이름을 올린 평가 기준은 단 한 가지뿐입니다. 그들은 믿음의 사람들이었다는 것입니다. 얼마나 많은 업적을 남겼느냐, 얼마나 성공했느냐가 평가 기준이 아닙니다. 믿음이 바로 평가 기준이었습니다. 평안한 환경에서든지, 고난의 환경에서든지 흔들리지 않고 하나님을 신뢰한 것이 이들을 평가했던 가장 중요한 기준이었습니다.

믿음이란 하나님께서 신실하신 분임을 확실히 믿고 신뢰하는 것입니다. 하나님은 신실하신 분이시라는 것은 진실하시고 변함이 없는 분이시라는 뜻입니다. 하나님은 진리이시므로 사람이나 환경의 변화와는 상관없이 진실하십니다. 우리 성경에는 미쁘신 분이라는 표현을 자주 사용하였는데, '미쁘다'라는 표현은 '믿음직하다' 라는 뜻입니다. 하나님은 변치 않으시기에 충분히 믿을 만한 분이시라는 것입니다. 하나님께서는 변치 않고 일관성 있게 일하십니다. 하나님께서는 약속하신 것을 변치 않고 반드시 이루십니다. 우리 성경에는 하나님의 신실성에 대하여 시종일관 증거를 제시하고 있습니다.

히브리서 11장은 믿음의 사람들이 어떤 환경에 처하든지 하나님을 신실하게 신뢰했던 삶의 이야기들을 기록하고 있습니다. 그들은 최악의 상황 속에서도, 자신들의 이성과 상식으로 이해할 수 없었을 때에도, 자신들의 감정으로는 따라갈 수 없었을 때에도 하나님을 신뢰하였습니다.

예를 들어 그 대표적인 사람이 아브라함이었습니다. 그는 하나님께서 약속하신 것을 믿었습니다. 하나님이 신실하신 분임을 알았기 때문에 아브라함은 그 약속을 믿었습니다. 사실 아브라함 부부는 아들을 주시겠다는 하나님의 약속을 믿을 수 없는 상황에 놓여 있었습니다. 그들은 이미 생산능력이 사라진 사람들이었습니다. 다시 말해서 인간의 이성과 상식으로는 믿을 수가 없는 약속을 그들이 하나님으로부터 받은 것입니다. 아브라함 부부는 자신들의 이성과 상식보다는 하나님의 신실하심을 믿었습니다.

그리고 머지않아 하나님의 때가 되어 그들이 믿은 그대로 약속이 이루어졌습니다. 인간의 이성과 상식을 초월한 기적이 일어난 것입니다. 기적이라는 것은 우리 인간의 이성으로 판단할 수 없는 일이 일어났을 때 그것을 기적이라고 하지만 하나님께서는 인간의 이성을 초월하여 일을 하십니다. 그뿐만이 아니라 기적적으로 얻은 아들을 하나님께서 바치라고 아브라함에게 명령하셨을 때, 그는 인간의 감정을 따라가지 않고 하나님의 신실하심을 신뢰하고 따라갔습니다.

인간의 이성과 감정을 넘어서 하나님의 신실하심을 신뢰하고 믿는 것이 바로 믿음입니다. 믿음은 이성이나 상식을 초월합니다. 성도는 감정을 따라가지 말고 하나님의 신실하심을 믿고 따라가야 합니다. 33절 말씀에 하나님의 신실하심을 신뢰하고 믿는 사람은 그 믿음으로 세상을 이긴다고 합니다.

연약한 가운데서 강하게 된 사람들

34절 말씀에 하나님의 신실하심을 신뢰하는 믿음을 가진 사람들은 연약한 사람들이었지만, 믿음으로 강하게 되었다고 말씀하십니다. 그들은 세상적인 힘이 없는 사람들이었습니다. 세상적인 힘이란 군사력이나 권력, 돈의 힘 같은 것을 말합니다. 약육강식의 정글 법칙이 지배하는 이 세상에서는 힘 있는 사람이 지배합니다. 힘이 없는 사람들은 거기에 굴복하고 노예가 될 수밖에 없으며, 당연히 도덕이나 예의나 사랑은 힘 앞에서 무용지물이 될 뿐입니다. 역사를 살펴보아도 힘이 없는 사람들은 강자에게 짓밟히고 죽임을 당할 수밖에 없었습니다. 그런데 하나님을 신뢰했던 이 믿음의 사람들은 비록 힘은 없었지만, 믿음으로 하나님의 도우심을 받아서 강하게 되었습니다.

힘이 없고 연약한 다니엘은 그를 시기하고 질투하는 사람들로부터 모함을 받아 사자굴에 던져졌지만, 하나님께서 믿음의 사람을 강하게 하셨습니다. 사자들의 입을 막아서 그를 구원하시고(단 6:16-24), 모함하던 사람들은 사자굴에 던져져 사자밥이 되게 하셨습니다.

다니엘의 친구인 사드락, 메삭, 아벳느고도 풀무불에 던져졌지만, 믿음으로 하나님께서 강하게 하셔서 머리털 하나 그슬리지 않고 거기서 구원받아 나왔습니다(단 3:23-27).

엘리야는 아무런 힘이 없는 연약한 선지자에 불과했지만 아합 왕과 이세벨 왕후의 칼날의 위협을 받았을 때에 하나님께서 그를 강하게 하셔서, 40일 밤낮을 피하게 하셨습니다(왕상 19:1).

힘을 잃고 눈이 뽑힌 삼손은 하나님께서 강하게 하심으로 다시 힘을 얻어 믿음으로 많은 블레셋 사람들을 이길 수 있었으며(삿 16:28-31) 다윗은 연약한 소년이었지만 믿음으로 거인 장수 골리앗을 이기고 이방 사람들의 군대를 물리쳤습니다(삼상 17:41-49).

히브리서 11장에 나오는 기록들은 대체 무슨 말씀입니까? 인간의 능력은 연약하지만, 만군의 하나님을 믿고 신뢰할 때에 그 믿음으로 하나님의 도우심을 받아 강하게 되었다는 것입니다.

요한복음 16장 33절에 우리 주님께서 "세상에서는 너희가 환란을 당하나 담대하라. 내가 세상을 이기었노라."라고 말씀하십니다. 로마서 8장 37절에서 "이 모든 일에 우리를 사랑하시는 이로 말미암아 우리가 넉넉히 이기느니라."라고 바울은 이렇게 고백하고 있습니다.

세상에서 교회는 힘이 없는 기관입니다. 세상의 대기업이나 권력기관에 비하면 교회는 힘이 없고 초라하기 짝이 없는 기관입니다. 그러나 하나님을 믿고 신뢰함으로써 교회는 하나님의 능력을 덧입어 강한 힘을 가지게 됩니다.

영국의 한 역사학자는 공산주의가 전 세계를 장악하게 되었을 때 공산주의를 막아선 기관이 있다면 그것은 교회였다고 말하고 있습니다. 오늘날 전 세계가 공산주의를 극복할 수 있었던 힘은 바로 교회였습니다. 교회는 군사력을 가진 것도 아니고 권력을 가진 것도 아니지만, 하나님의 권능을 힘입어 그 어떤 강한 것도 이길 수 있었습니다.

하나님의 자녀들도 마찬가지입니다. 세상에서는 힘이 없고 연약한 존재이지만, 하나님을 믿고 신뢰함으로써 하나님의 능력을 덧입어 강한 힘을 발휘할 수 있습니다. 한 집에 예수 믿는 사람이 부인 혹은 며느리로 들어갑니다. 그 가정 속에서는 보잘것없는 사람으로 보이겠지만, 하나님께서 역사하셔서 한 가족 전체를 예수 믿게 하고, 나아가 일가친척 전체를 주님의 자녀로 변화시키는 이런 아름다운 간증들을 가끔 주위에서 듣게 됩니다.

인간의 힘은 약하지만, 믿음으로 강해지면 놀라운 역사를 이룹니다. 이것은 결코 인간의 힘이 아니라 하나님의 힘과 하나님의 능력입니다.

약속을 믿고 고난을 구차히 면하지 않은 사람들

믿음으로 세상을 이긴 사람늘을 35절에는 "약속을 믿고 고난을 구차히 면하지 않는 사람들"이라고 말씀하고 있습니다. 믿음의 사람들이라고 해서 세상 속에서 반드시 승리하고 성공하는 것은 아닙니다. 믿음의 사람들이라고 반드시 고난이 없이 평안하게 살아가는 것은 아닙니다. 믿음의 사람들도 고난과 핍박, 죽임을 결코 피할 수 없습니다. 믿음의 사람들도 실패로 인해 낙심하고 눈물을 흘립니다.

그러나 그 어떤 고난도 믿음의 사람들을 굴복시킬 수는 없습니다. 왜냐하면 믿음의 사람들은 부활의 약속을 믿기 때문입니다. 부활의 약속에 대한 믿음으로 심지어는 죽음도 예수 믿는 사람들을 굴복시키지 못하는 것입니다. 예수 믿는 사람들은 죽음 앞에서도 구차하게 그것을 면하려고 하지 않습니다.

사렙다 과부는 엘리야를 통해서 아들이 다시 사는 것을 보았습니다(왕상 17:21-24). 수넴 여인은 엘리사를 통해서 아들이 다시 사는 것을 보았습니다(왕하 4:35-37). 구약의 믿음의 사람들도 부활을 믿었습니다.

신약의 믿음의 사람들은 예수 그리스도께서 부활하신 것을 보았습니다. 부활의 첫 열매로서 예수 그리스도를 믿는 사람들은 누구나 부활하여 천국에서 영생을 누린다는 약속을 믿습니다.

부활은 최후의 승리이자 궁극적인 승리입니다. 즉, 이 세상에서의 고난이나 실패는 중간 단계의 과정일 뿐입니다. 최종적인 결과가 될 수 없습니다. 최종적인 결과는 부활로서 승리의 부활입니다. 과정으로써의 고난보다도 최종적 부활을 더 중요하게 생각하는 사람들이 믿음의 사람들입니다. 그래서 믿음의 사람들은 부활을 믿기에 고난을 구차하게 면하려고 하지 않습니다. 고난을 두려워하지 않으며 고난을 면하려고 믿음을 버리지도 않습니다. 그들은 결코 자신들 앞에 놓인 고난을 피하기 위해 하나님을 배신하지 않습니다. 이런 사람들이 믿음의 사람들입니다. 의인의 부활을 알고 있으므로 당당하게 고난에 맞서고, 죽음에 맞서는 사람들이 바로 믿음의 사람들입니다.

사람이 소유나 지위, 목숨을 더 중요하게 생각해서 그것을 유지하려고 애쓴다면 모양이 더욱 구차해집니다. 위협과 협박과 핍박이 올 때 거기에 사람이 구차해지는 것입니다. 그러나 세상의 것보다 더 중요한 것이 부활이고, 부활 후 천국에서 영생을 누린다는 믿음을 가질 때에 우리는 그런 고난과 죽음마저도 피하지 않고 당당하게 맞설 수 있는 것입니다.

신약교회사를 들여다보면 믿음의 순교자들은 죽음 앞에서 당당히 맞섰습니다. 그들은 죽이겠다는 위협에 굴복하지 않았고, 이를 구차히 면하지 않았던 이유는 생명의 부활을 믿었기 때문에 입니다.

교회 역사학자들은 고난과 핍박이 있으면 교회가 정결해진다고 이야기합니다. 고난과 핍박이 오면, 자기의 소유와 목숨을 지키려고 고난을 구차하게 면하려는 사람들, 즉 가라지는 다 떨어져 나갑니다. 그리고 고난과 핍박에 당당하게 맞서는 믿음의 사람들, 즉 알곡만 남기 때문에 그 교회는 정결한 교회가 됩니다.

세상이 감당치 못하는 사람들

38절 말씀에 또 믿음의 사람들을 일컬어 "세상이 감당치 못하는 사람들"이라고 말씀하고 있습니다. 부활의 약속을 믿는 사람들은 세상의 어떤 고난과 핍박에도 굴복하지 않기 때문에 세상이 감당치 못하는 사람입니다. 믿음의 사람들은 세상이 감당치 못하는 사람들이었습니다. 믿음의 사람들은 세상의 힘을 가지지 못한 사람들이었습니다. 세상의 힘을 추구하지도 않았고, 세상의 힘을 행사하지도 않았습니다. 연약한 믿음의 사람들은 그대로 고난과 핍박을 온몸으로 받았으며 온갖 조롱과 학대와 모욕을 당했습니다. 감옥에 갇히기도 하고, 참혹하게 죽기도 했습니다. 가난하고 굶주리고 잘 곳이 없어서 광야와 산에서 유리방황하였습니다.

믿음의 사람들은 세상 것들을 귀하게 여기지 않는 사람들이었습니다. 고난과 핍박 속에서 유리방황할 때 불편하고 고통스러웠지만, 하나님께서 예비하신 것을 믿음으로 알았으므로 그 모든 것들을 대수롭지 않게 생각했습니다. 가슴에는 부활의 소망이 있었으므로 온갖 세상의 학대와 고난과 핍박도 이겨낼 수 있었습니다. 어떤 위협과 학대도 믿음의 사람들을 굴복시킬 수 없었습니다. 그래서 히브리서 기자는 이런 사람들을 세상이 감당치 못하는 사람들이라고 표현했습니다.

초대교회의 한 감독이 로마 황제에게 체포되었습니다. 예수 믿는 것을 포기하라고 명령했는데, "나는 죽을지언정 예수 믿는 것을 포기 못합니다."라며 버텼습니다. 그러니까 황제가 화가 나서 저 사람을 캄캄한 독방에 가둬서 그 속에서 고독과 고통을 느끼게 하도록 하라고 명령했습니다. 신하가 황제에게 얘기합니다. "폐하, 저 사람을 독방에 가둬 두면 기도하게 됩니다. 저 사람들은 아무것도 보이지 않는데도 하나님이 계신다면서 그 하나님과 대화한다고 합니다. 독방에 놔두면 기도하는 시간이 너무 많아져서 기도하면 기뻐지고 얼굴이 밝아집니다. 저 사람을 독방에 두는 것은 저 사람을 오히려 좋게 해 주는 것입니다."

듣고 있던 황제가 "극악무도한 죄인들이 있는 속에 집어넣어라. 그러면 그 속에서 극악무도한 죄인들에게 괴롭힘을 당하지 않겠느냐?"고 했더니 신하가 또 말하기를, "폐하, 그것은 더 안 됩니다. 그 사람들 속에 저 사람을 집어넣으면 전도합니다. 저 사람들은 이상한 힘을 가지고 있어서 아무리 극악무도한 사람들 틈에 집어넣어도 거기에서 그 사람들을 전부 변화시켜서 다 예수 믿는 사람들로 만듭니다. 전도할 기회를 주기 때문에 예수 믿는 사람이 더 많아집니다. 그러니 안 됩니다."

신하의 말을 듣자 황제가 화가 나서 당장 끌어내어 목을 치라고 명령했습니다. 그랬더니 신하가 얘기하길, "폐하, 그것은 모르시는 말씀입니다. 저 사람들은 순교를 가장 큰 영광으로 생각합니다. 저 사람들은 부활을 믿습니다. 저렇게 순교당하면, 하늘나라에 가서 가장 큰 상급을 얻는다고 믿기 때문에 순교를 자랑으로 생각합니다. 사형장에 나오는 예수 믿는 사람들 중에 울면서 겁에 질려 나오는 사람이 아무도 없습니다. 다 기쁜 마음으로 나오는데 그것은 안 됩니다." 황제가 이 사람을 어떻게 해야 하는지 몰라서 탄식을 했다고 합니다.

그리스도인들은 세상이 감당치 못하는 사람들입니다. 그 어떤 것이든 그리스도인들을 굴복시킬 수 없습니다. 바로 이런 사람들이 강력한 로마제국을 정복해서 기독교 국가로 만들어 버린 것입니다. 세상이 감당치 못하는 사람들이 그와 같은 역사들을 일으킨 것입니다.

우리 예수 믿는 사람들은 세상 속에서 힘이 없는 연약한 존재입니다. 그러나 우리는 신실하신 하나님을 믿는 사람들입니다. 신실하신 하나님, 능력의 하나님을 신뢰하는 믿음의 사람들입니다. 성경은 말씀하기를 이 믿음의 사람들이 세상을 이긴다고 합니다. 누구든지 하나님에게서 난 자는 세상을 이기나니 세상을 이기는 승리는 곧 우리의 믿음입니다. 우리는 오직 승리의 주님을 바라보면서 세상의 고난을 이기는, 세상이 감당치 못하는 사람이 되어야 하겠습니다.

제3장

그 크신 하나님 사랑

사랑의 삶

(고린도전서 13장 8-13절)

예수 그리스도를 영접하면 사람은 거듭남으로 구원을 받아 성도로서 신앙생활을 시작합니다. 하나님의 자녀로서 활발한 성도는 말씀을 열심히 배움으로 확신 있는 신앙생활을 합니다. 그리고 열심을 내어 지체들을 섬기고 봉사합니다.

그러다가 어느 날 신앙생활에 위기가 찾아옵니다. 위기가 찾아오는 시간은 정해진 것이 아니고, 한두 번 오고 마는 것도 아닙니다. 신앙생활 중에 예기치 못한 때에 환란과 위기가 찾아옵니다. 그런가 하면 너무 편안하고 안일해서 신앙생활에 위기를 겪기도 합니다. 이 위기가 오게 되면, 쉽게 지치게 되고 신앙생활 자체가 의미 없는 것처럼 느껴집니다.

그렇지만 우리는 그 위기를 기도로 극복할 수 있습니다. 우리가 위기를 극복하고 나면, 우리의 관심사는 하나님의 성품에 초점 지어집니다. 우리 내면의 세계를 깊이 들여다봄으로써 하나님과의 영적인 깊은 관계를 갈망합니다. 그리고 다시 외부의 세계로 우리의 관심의 방향을 돌리게 됩니다. 그래서 어떤 분은 신학교에 가기도 하고, 선교지로 나가기도 합니다. 대부분의 사람들이 자기가 속한 직장 속에서 하나님 나라를 이루기 위해서 온힘을 다합니다.

마지막으로 신앙생활 중에 최고의 과정은 사랑의 삶입니다. 기독교를 한 마디로 줄이면, '사랑'입니다. 주님께서 하나님을 사랑하고 이웃을 사랑하라는 최고의 명령을 우리에게 주셨듯이 사랑은 기독교를 한 마디로 요약한 말이라고 할 수 있습니다. 사랑은 가장 성숙한 그리스도인의 표지이고, 하나님 나라의 표지입니다.

영원한 사랑

교회에서 신앙생활에 가장 높은 수준에 도달했다고 생각되는 사람은 은사를 받은 사람들입니다. 고린도교회에서도 각종 은사가 나타났는데 은사를 받은 사람들이 가장 영적인 영향력이 컸습니다. 사도 바울은 은사의 종류와 은사를 어떻게 사용해야 하는가를 말씀한 다음, 마지막으로 제일 좋은 은사는 사랑의 은사라고 말씀합니다(고전 12:31).

그리고 8절부터 다른 은사들과 사랑의 은사를 비교하고 있습니다. 예언의 은사, 방언의 은사, 지식의 은사들은 일시적이라고 이야기합니다. 이런 은사들은 이 땅에서 신앙생활 하는 데 있어 우리 신앙을 성장시키고, 열정을 불러일으키는 좋은 도구이지만 이 땅을 떠나서 하나님 나라에 가면, 이런 은사들은 더 이상 소용이 없습니다. 이 땅에서 우리가 주의 몸된 교회를 이룰 때 잠시 필요한 것뿐이고 일시적이라는 의미입니다.

또 지식의 은사, 예언의 은사는 부분적인 것입니다. 이런 은사를 가진 분들이 다른 사람들보다 하나님에 대해서, 하나님께서 만드신 세상에 대해서 더 많이 아는 것은 사실이지만, 그렇다고 해서 하나님을 온전히 다 아는 것은 아닙니다. 그러나 하나님 나라에서는 부분적으로 알던 것들이 사라지고, 모든 것을 완전하게 알게 됩니다. 하나님으로부터 우리가 받은 은사들은 소중하고 우리 신앙생활에 유익한 것이 사실이지만, 그 은사들은 이 땅에서 신앙생활 하는 동안에만 유용한 것입니다.

그러나 사랑의 은사는 완전한 은사이며 영원한 은사입니다. 방언, 예언, 지식의 은사도 사랑이 더해질 때 완전케 됩니다. 사랑의 은사는 이 땅에서만 아니라 하나님 나라에서도 유익한 은사로 영원한 은사입니다. 하나님 나라에서는 방언, 예언, 지식의 은사는 다 필요 없기 때문에 용도 폐기됩니다. 그러나 사랑의 은사는 이 땅에서도 필요하고, 하나님 나라에서도 유용한 은사입니다. 하나님 나라에서는 사랑의 은사만 사용됩니다. 우리가 이 땅을 살아가면서 하나님 나라를 맛볼 수 있는 길은 사랑의 은사를 통해서입니다.

어떤 분이 자기 젊은 날의 이야기를 글로 쓴 것을 읽었습니다. 젊은 시절 신혼 초에 가진 것 없이 어렵게 살고 있었습니다. 하루하루 살아가기가 벅찰 정도였습니다. 어느덧 시간이 흘러 결혼기념일이 되었습니다. 저녁에 남편이 들어왔는데 나가서 외식하자고 합니다. 돈도 없는데 무슨 외식이냐고 했더니 그냥 따라 오라고 해서 아무 말 없이 따라 나갔습니다.

남편이 데리고 간 곳은 대형마트였습니다. 시식코너마다 다니면서 고기도 집어주고, 소시지도 집어주고, 하나씩 다 맛보게 해 주었습니다. 그 부인에게는 그것이 일생 동안 잊혀지지 않는 결혼기념일이 되었습니다. 지극히 작은 것이었지만, 남편의 사랑을 듬뿍 맛본 행복한 시간이었습니다.

이 땅에서 하나님 나라를 맛보는 방법은 사랑입니다. 다른 무엇보다도 사랑하는 것이 하나님 나라를 맛보는 길입니다. 사랑의 은사는 영원한 은사로 이 땅에서도, 하나님 나라에서도 소중한 은사입니다.

성숙한 사랑

바울 사도는 사랑이 성숙한 그리스도인의 표지라는 것을 11절에서 어린 아이를 비유로 말하고 있습니다. 어린 아이는 생각하는 것이나, 말하는 것이나, 이해하는 것이나, 판단하는 것이 미숙합니다. 미숙하다는 것은 이기적이라는 의미로 다른 사람을 배려하거나 이해할 줄 모릅니다. 또한 한 가지에만 몰두하기 때문에 폭넓게 생각할 줄 모릅니다. 그러나 성숙한 어른이 되면 다른 사람을 배려하고 이해할 줄 알며 다른 사람을 위해 희생하고 양보할 줄 압니다. 성인은 어린이보다 폭넓은 시각을 가지고 균형 있게 판단할 수 있습니다.

또한 여러 가지 은사를 가지고 있는 것이 바로 성숙한 그리스도인의 표지는 아니라고 말씀하고 있습니다. 방언과 예언은 귀하지만, 만일 그 은사를 받은 사람이 교만하다면 성숙한 그리스도인이라고 말할 수 없습니다. 방언도 하고 예언도 하는데, 혈기와 미움이 많고 남의 험담을 즐기고 독설을 내뿜는다면, 역시 미숙한 그리스도인이라고 말할 수 있습니다.

성숙한 그리스도인은 사랑의 은사를 가져야 합니다. 방언과 예언의 은사를 가지지 못해도, 사랑의 은사를 가지고 있으면 성숙한 그리스도인입니다. 물론 여러 가지 은사를 가지고 있으면서, 사랑이 넘치면 역시 성숙한 그리스도인입니다. 다른 사람을 이해하고 불쌍히 여기며 도와주는 사랑의 마음이 풍성하면 풍성할수록 더욱 성숙한 그리스도인이 됩니다.

한경직 목사님을 옆에서 볼 때에, 그분의 사랑을 배워야겠다는 마음을 가졌습니다. 한 목사님께는 훌륭한 점이 많이 있습니다만, 교인들을 대하는 얼굴 표정과 태도를 보면 사랑이 가득 찬 분임을 알 수 있습니다. 불쌍한 사람들, 어려운 사람들을 보면 항상 긍휼한 마음을 가지셨습니다. 그 사랑이 바로 성숙한 그리스도인의 표지입니다.

온전한 사랑

바울 사도는 12절에서 거울을 비유로 들면서, 사랑이 가장 온전한 은사라고 말씀합니다. 하나님을 알고, 하나님과 관계를 증진시키는 데 있어서, 다른 은사들은 불완전합니다. 마치 구리거울로 얼굴을 비추어 보는 것처럼 깨끗하지도 선명하지도 않습니다. 여러 가지 은사들이 마치 이와 같아서 하나님을 전체적으로 알지 못하고 부분적으로 안다는 말씀입니다. 그러나 사랑의 은사를 가지면, 하나님을 더 많이, 더 잘 알 수 있습니다. 하나님과의 관계를 친밀하게 하고, 더 가까이 가는 데 사랑의 은사가 유용하게 사용됩니다.

하나님 나라에서 우리가 삶을 살아갈 때 가장 중요한 것이 무엇일까요? 풍성한 사랑 속에서 하나님을 완전히 알고, 하나님과 친밀한 관계를 가지며, 하나님과 함께 동행하는 삶을 살아가는 것이 하나님 나라의 특성입니다. 이 땅에서도 사랑 가운데 거하면, 하나님을 더 잘 알 수 있고 우리 주님과 더 가까이 친밀한 관계를 가지며 동행할 수 있습니다. 사랑은 온전한 은사입니다.

위대한 사랑

마지막에 바울은 위대한 선언을 합니다. 13절에 믿음, 소망, 사랑 이 세 가지는 항상 있을 것인데 그 중에 제일은 사랑이라고 선언하고 있습니다. 우리 신앙생활 하는 데에, 믿음과 소망은 꼭 필요하고 중요한 것들입니다. 그런데 믿음과 소망보다 더 중요하고 위대한 것은 사랑이라고 사도 바울은 선언합니다.

천국에서의 생활방식은 사랑입니다. 다른 것들은 이 땅에서만 필요한 것들입니다. 그러나 사랑은 이 땅에서 뿐만 아니라 하나님 나라에서도 필요합니다. 하나님 나라에서는 믿음과 소망은 다 없어지지만 사랑은 남습니다. 하나님 나라에서는 예수 그리스도와 사랑의 교제만 하는 곳입니다. 하나님 나라에서는 성도들 간에 사랑의 교제만 있으며 그것이 천국의 생활방식입니다.

사랑은 신앙생활의 기본 원리입니다. 사랑은 신앙생활의 목적입니다. 여러 가지 은사들이나, 배우는 것, 봉사하는 것, 교리, 교회의 제도 등 모든 것은 신앙생활을 잘하기 위한 수단이자 도구입니다. 그렇지만 이 모든 것들이 서로 작용하는 데에 있어 기본 원리가 되는 것이 사랑입니다. 사랑을 가지고 은사를 사용해야 하고, 사랑의 마음으로 봉사해야 합니다. 혹은 교회 제도를 운영할 때도 사랑이 기본 원리로 작용해야 온전해집니다. 예수님께서 계명의 완성은 하나님 사랑과 이웃 사랑임을 분명히 말씀하셨습니다.

어떤 교회가 진정한 교회일까요? 사랑이 풍성한 교회가 진정한 교회입니다. 진 게츠(Gene A. Getz)라고 하는 교회성장 학자가 있는데, 『척도』라는 책에서 교회성장을 새롭게 말합니다. 그전에는 교회성장을 측정할 때, 교인의 숫자, 재정의 숫자 등으로 계산해서 교회성장을 말했습니다. 그런데 진 게츠는 교회성장의 척도는 사랑이라고 말합니다. 그 교회 안에 사랑이 얼마나 많이 있느냐가 건강한 교회, 성장하는 교회를 측정하는 척도라고 말합니다. 교인 숫자는 많이 늘었지만, 만일 사랑이 없다면 언제 무너질지 모르는 사상누각과 마찬가지라고 합니다. 교회가 바르게 가고 있느냐에 진정한 척도는 바로 사랑입니다.

우리 주님께서도 요한복음 13장 35절에 최후의 만찬 자리에서 말씀하시기를, "너희가 서로 사랑하면 이로써 모든 사람이 너희가 내 제자인 줄 알리라."고 말씀하셨습니다. 예수 그리스도의 진정한 제자인 줄을 아는 것은 사랑으로 알 수 있다는 것입니다. 진정한 교회의 척도가 사랑이고, 성숙한 그리스도인을 측정하는 척도가 사랑이라는 말씀입니다. 성도들이 서로 사랑할 때 진정한 그리스도인이고, 교회 안에 사랑이 풍성할 때 그 교회가 진정한 교회입니다.

여수 애양원에 손양원 목사님 기념관이 있습니다. 그 순교자 기념관에 들어가면, 들어서자마자 왼쪽에 손양원 목사님의 실물 크기 사진이 세워져 있습니다. 손 목사님의 키는 155센티미터 정도로 굉장히 작습니다. 그럼에도 코너를 하나하나 지나칠 때마다 그분이 얼마나 크신 분인지, 그 앞에서 점점 머리가 숙여지게 됩니다. 손양원 목사님은 일제 강점기 때 신사참배를 반대하고, 민족의식을 고취한 분으로 후에 공산군에 의해서 순교를 당하셨습니다.

손양원 목사님은 나환자들이 있는 교회에서 목회를 시작했습니다. 나환자라고 하면, 요즘에도 그렇지만 병이 옮을까봐 다들 가까이 하기를 꺼려합니다. 그래서 일하시는 분들도 모두 장갑을 끼고 일을 한다고 합니다. 그렇지만 손 목사님은 그 환자들을 따뜻하게 안아 주고, 인간답게 대우하면서 사역을 했습니다. 14호실은 중환자실이었습니다. 그 중환자실은 모든 사람들이 다 들어가기를 꺼려했을 뿐만 아니라 심지어 경증환자들도 들어가기 싫어했던 곳이었습니다. 그런데 손 목사님은 중환자실에 들어가서 환자들을 붙잡고 끌어안고 기도했습니다. 기념관에 가 보면, 손 목사님께서 사역하신 모습들이 담긴 그림들을 볼 수 있습니다. 그 중에서 중증환자의 피고름을 입으로 뺄아내는 손 목사님의 모습을 그린 그림이 눈에 띕니다. 자기의 건강이나 생명을 아끼지 않고 베푼 사랑이 아닐 수 없습니다.

그러다가 여수 순천 반란 사건이 일어났습니다. 우리 국군 안에 공산주의에 물든 사람들이 있어 그 군인들이 반란을 일으킨 것입니다. 이 사건으로 많은 사람들이 죽었는데 그 와중에 손 목사님의 두 아들이 총살을 당했습니다. 자기 신앙을 지키고 순교를 한 것입니다. 한꺼번에 두 아들이 죽었는데, 장례를 치르면서 하신 손 목사님의 인사말이 기억에 남았습니다. 우리 집안에 순교자가 났다는 것을 감사하면서, 아홉 가지의 감사를 말씀하고 있습니다.

그 사건이 진압되고 난 뒤에, 자기 아들을 죽이는 데 앞장섰던 학생이 체포되었습니다. 그러자 손 목사님이 경찰에 찾아가서, 내가 그 학생을 용서하니 그 학생을 석방시켜 달라고 요청했습니다. 그 학생은 곧 석방이 되었습니다. 그뿐만 아니라 그 학생을 자기 양아들로 삼고, 공부를 시키고 사람이 되도록 만들었습니다. 성경 말씀대로 원수까지 사랑한 것입니다. 손 목사님은 결국 한국전쟁 중에 공산군에게 순교를 당했지만, 사랑의 원자탄으로 알려졌습니다. 정말 예수 그리스도의 사랑을 몸으로 실천하신 분입니다.

신앙생활의 과정 중에 가장 최고의 단계는 사랑의 삶입니다. 가장 최고의 성숙의 표지는 사랑입니다. 하나님 나라의 생활방식이 사랑이라는 것을 알았다면 예수 그리스도의 사랑을 이 땅에서 사는 한 실천하면서 살아야 합니다. 사랑의 삶을 살아감으로써 우리들에게 주어진 가정과 교회를 주님께서 바라시는 모양으로 만들어야 하겠습니다.

사랑의 회복

(호세아 6장 1-6절)

어느 성탄절에 저희 집에서 있었던 특별한 이벤트 하나를 소개하겠습니다. 원래 크리스마스 시즌은 젊은 사람들이 들떠서 방황하는 계절입니다. 저희 집에는 딸들이 모두 시집가고, 대학생인 아들은 공부하느라고 아무도 없으니 마음이 들뜰 일은 없었습니다. 게다가 성탄절에는 목사라서 설교 준비하느라고 무척 바쁠 때였습니다.

'조용히 지내겠구나' 하고 있는데 크리스마스이브 날 갑자기 초인종이 울렸습니다. 생각에 오겠다는 사람들이 있어서 이제 오는가 보다 하고 기다리고 있다가 얼른 나가서 문을 열었는데 뜻밖에도 제 아들이 문 앞에 서 있었습니다. 조그만 케이크에 촛불 하나 밝히고 성탄절 선물에 매는 리본을 자기 목에다 메고는 "제가 성탄 선물입니다."하며 들어오는 것입니다. 실제로 받은 물건은 하나도 없습니다. 돈 들인 것도 없습니다. 그러나 사랑이라는 선물을 받으면서 그 어떤 선물을 받은 것보다 가장 마음이 기쁘고 감동적이었습니다.

사랑없는 사람들

호세아서 말씀에는 사랑이 없기 때문에 하나님께서 탄식하는 백성들이 등장하고 있습니다. 이스라엘 사람들은 하나님의 백성입니다. 그 하나님의 백성을 향하여 하나님께서 크게 탄식하셨습니다. 하나님의 백성이란 하나님께서 택하시고 구원하신 백성입니다. 하나님께 예배드리고 찬양하는 백성입니다. 서로 사랑하며 아름다운 공동체를 이루어 가는 백성입니다. 하나님께서 주신 약속을 바라보면서, 하나님께서 정해 주신 규범을 지키며 사는 백성입니다. 그 율법으로 인해서 이스라엘 백성은 이방 사람들과는 구별된 전혀 다른 삶을 살아갑니다.

그런데 이 하나님의 백성이 사랑을 잃어버리자 하나님께서 탄식하셨습니다. 하나님께로부터 그토록 많은 사랑을 받아 누렸지만, 하나님께 등을 돌리고 멀리 떠나간 하나님의 백성을 하나님께서 탄식하셨습니다. 하나님께로부터 엄청난 사랑을 받아 누렸지만, 그 사랑을 실천하지 않는 하나님의 백성들 때문에 하나님께서 탄식하셨습니다.

하나님의 백성이 하나님을 사랑하고 이웃을 사랑하는 것같이 보였지만, 그것도 잠시 곧 하나님께로부터 멀어졌습니다. 그들의 사랑은 아침 구름이나 쉬이 사라지는 이슬같이 일시적이고 가식적이었습니다. 하나님은 신실하지 못한 하나님의 백성에게 낙심했습니다. "내가 네게 어떻게 하랴?", "너희들에게 도대체 어떻게 하는 것이 좋겠느냐?", "너희들을 도저히 그냥 두고 볼 수가 없다. 심판하여 벌할 수밖에 없다."고 탄식하며 말씀하셨습니다.

이스라엘 백성이 하나님께 예배를 드렸지만 거기에는 사랑이 없었습니다. 정해진 순서와 격식에 잘 맞는 예배, 그리고 좋은 제물을 드렸지만 단지 외적이고 형식적인 예배였습니다. 겉으로는 완벽한 예배처럼 보였지만 하나님을 사랑하는 마음이 전혀 없는 예배였습니다. 진심이 없는 예배, 헌신과 충성이 없는 제물에 하나님께서는 전혀 기뻐하지 않으셨습니다.

사무엘상 15장 말씀을 보면, 사울 왕이 하나님 앞에 제사를 드리는 내용이 나옵니다. 하나님께 예배를 드리고 가장 좋은 제물도 드렸습니다. 그렇지만 사울 왕이 드린 예배는 하나님께서 기뻐 받으시지 않았습니다. 그는 전투에서의 승리를 위한 예배, 백성들을 정신적으로 결집시키기 위한 예배를 드렸습니다. 즉, 군사적, 정치적 성공을 위한 예배와 자기 자신을 위한 예배를 드렸습니다. 그러한 사울 왕에게 사무엘은, "여호와께서 번제와 다른 제사를 그 목소리 순종하는 것을 좋아하심 같이 좋아하시겠나이까? 순종이 제사보다 낫고 듣는 것이 수양의 기름보다 낫습니다."(삼상 15:22)라고 지적하고 책망했습니다.

6절 말씀에서도 "나는 인애를 원하고 제사를 원치 아니하며 번제보다 하나님을 아는 것을 원하노라."라고 말씀하시며 형식적인 제사나 좋은 제물보다 사랑을 원하시고, 하나님을 아는 것을 원하신다고 지적하고 있습니다.

하나님을 사랑하지 않는 하나님의 백성은 이웃도 사랑할 줄 몰랐습니다. 하나님의 약속을 내버리고 사람들에게 악한 행동을 하였습니다. 이스라엘 사람들에게 하나님께서 도피성을 만들라고 하셨습니다. 도피성은 실수로 죄를 지은 사람이 해를 입지 않도록 보호하기 위하여 만든 것입니다. 사람을 살리고 구원하기 위해 세운 것이 도피성이건만, 그 도피성에서 사람들을 죽이고 피 흘리는 죄악이 만연했습니다.

또 하나님께서 하나님의 백성을 구원하고 살리기 위해서 제사장을 세웠지만, 그들이 도피성에서 사람을 죽이는 악행을 저질렀습니다. 하나님의 백성들이 사랑의 공동체를 만들기 위해서 마지막 보루로 남겨 놓은 것이 도피성과 제사장인데, 이 모든 것이 무너져 버리자 결국 이스라엘은 죄악에 빠지게 되었습니다. 이방인들의 죄악된 생활과 전혀 다르지 않은 사회가 되었습니다. 하나님의 백성의 거룩하고 구별된 삶을 완전히 잃어 버려 그들 사이에서 사랑을 찾아볼 수 없게 되자 하나님께서는 탄식하셨습니다.

우리가 늘 하나님 앞에 예배를 드립니다만, 예배를 드릴 때 어떤 격식으로, 어떤 예물로 하나님께 예배드리느냐보다 더 중요한 것은 예배드릴 때 우리 심령 깊은 곳에서부터 우러나오는 하나님에 대한 사랑의 마음입니다. 하나님을 사랑하는 마음이 없는 예배는 하나님을 기쁘시게도 못하고, 예배를 드리는 사람들도 은혜를 받을 수 없습니다. 이런 형식적인 예배를 드리는 사람은 이웃을 사랑할 결단도 실천도 하지 않을 뿐만 아니라, 예배와 생활마저도 모두 황폐하게 됩니다. 하나님 앞에 예배를 드릴 때마다 우리는 하나님을 사랑하는 마음으로 예배를 드려야 합니다. 우리가 드리는 예배가 하나님을 기쁘시게 한다면 우리에게도 큰 은혜가 됩니다.

하나님께로 돌아가자

결국 하나님께서 자기 백성에게 진노하셨습니다. 하나님의 심판이 침략하는 적군으로(호 5:9), 질병으로(호 5:12), 맹수로(호 5:14) 하나님의 백성을 무섭게 몰아치도록 만드셨습니다. 위기에 처한 하나님의 백성이 강대국 앗수르 왕에게로 가서 도움을 요청했습니다. 잘못해서 아버지에게 야단맞고 벌을 받고 있는데, 옆집 아저씨에게 가서 도와달라고 하면 문제가 해결됩니까? 아버지에게 가서 잘못을 구하고, 아버지의 사랑과 자비를 구해야 문제가 해결되는데 이스라엘은 그렇게 하지 않았습니다.

앗수르 왕은 아무 도움이 되지 못했습니다. 그들은 고난에서 벗어나지 못하자 결국 하나님을 간절히 찾게 되었습니다(호 5:15). "오라, 우리가 여호와께로 돌아가자."라고 외쳤습니다. 앗수르 왕에게 갈 일이 아니고, 하나님께로 돌아가자고 외쳤습니다. 그들은 문제의 본질과 문제 해결의 방법을 정확하게 깨닫게 되었습니다.

하나님께 심판받고 벌 받을 때, 다른 곳에 가서 문제 해결을 받을 수 없습니다. 하나님께 심판받을 때에는 사랑이 많으신 하나님께로 돌아가야 문제가 해결됩니다. 자신들의 마음의 태도와 방향을 하나님께로 돌이켜야 문제가 해결됩니다. 그러면 사랑이 많으신 하나님께서 죄를 용서하시고, 하나님의 백성인 우리를 다시 받아 주십니다.

하나님께서 심판하시고 벌을 내리시는 목적은 저주와 증오와 멸망이 아닙니다. 하나님께서 심판하시는 목적은 하나님의 백성을 회개케 하려는 것입니다. 하나님의 백성이 하나님 사랑을 회복하게 하려는 것입니다. 그래서 하나님께서 심판하시고 벌하실 때, 하나님의 백성이 회개하기만 하면, 즉시 용서하시고 회복시켜 주십니다.

하나님은 공의와 사랑이라는 두 가지 속성을 가지고 계십니다. 공의의 하나님이시므로 죄를 지은 자는 반드시 벌하십니다. 하나님 앞에서 죄가 적당히 넘어갈 수가 없습니다. 죄는 필연적으로 대가를 치러야 합니다.

그러나 동시에 하나님은 사랑의 하나님이십니다. 우리가 죄를 지었을 때에 심판하시고 벌하십니다만 심판이나 벌 자체가 목적이 아닙니다. 하나님의 백성을 하나님 백성답게 만들기 위해서, 의로운 백성, 바른 백성을 만들기 위해서 때로 심판을 내리시고 징계를 하십니다. 징계 가운데 죄를 깨닫고 돌이킨나면, 하나님은 사랑으로 치유하시고 회복시키십니다. 새롭게 다시 서도록 만드십니다.

자녀들이 잘못했을 때 부모님들이 왜 벌주고 책망할까요? 이유는 자식을 사랑하기 때문입니다. 자식이 깨닫고 뉘우쳐 돌이키면, 부모는 바로 벌을 그치고 감싸 줍니다. 벌을 주는 것도 사랑을 표현하는 한 가지 방법입니다. 어려움을 겪고 고난을 겪을 때 우리가 할 수 있는 최상의 방법은 하나님 아버지께로 돌아가는 것입니다. 그것이 고난 중에 우리가 해야 할 유일한 일입니다.

하나님을 알자

하나님께로 회개하고 돌아온 백성이 최우선으로 해야 할 중요한 일은 하나님을 아는 일입니다. 3절 말씀을 보면, "그러므로 우리가 여호와를 알자. 힘써 여호와를 알자."라고 말씀하고 있습니다. 안다는 것은 지식과 정보를 습득하는 수준을 의미하는 것이 아닙니다. 여기서 안다는 것은 말씀에 대한 지식과 정보를 습득하는 이상으로 하나님을 인격적으로 만나 하나님의 은혜와 역사를 몸소 체험하여 아는 것을 의미합니다. 이는 하나님의 뜻과 계획을 깨달아서 확신하는 것이고, 하나님의 뜻대로 실천하여 사는 것을 말합니다. 안다는 것은 지성과만 연결되는 것이 아니라 우리 삶 전체와 연결되는 것입니다.

저는 영화배우 배용준 씨를 잘 압니다. 젊은 청년이고, 여러 가지 드라마에 출연해서 사람들에게 인기가 많고, 특별히 일본에서 인기가 많아서 한류 열풍의 주인공이 되고 있다는 사실을 잘 압니다만 만나본 적은 한 번도 없습니다. 단지 텔레비전에서 봐서 아는 것뿐입니다.

제가 제 아들을 잘 압니다만 배용준 씨를 아는 정도하고는 수준이 완전히 다릅니다. 제 아들은 제가 어떻게 생겼는지, 키가 몇 센티미터인지, 성격은 어떠한지, 무슨 계획을 가지고 있는지 자세하게 잘 알고 있습니다. 대화를 통해서 하나님의 말씀을 같이 자주 나누었습니다. 같이 눈물을 흘리면서 기도한 적도 많고, 인생을 살아가면서 여러 가지 사랑을 서로 주고받은 경험이 많습니다. 영화배우를 아는 것과 제 아들을 아는 것과는 수준과 차원이 완전히 다릅니다.

우리가 하나님을 안다는 것은 지식적으로만 아는 것이 아닙니다. 인격적으로 하나님을 만나서 우리 삶 전체, 우리 생명 전체에 관계된 일에 하나님을 안다는 것입니다. 하나님을 안 사람은, 하나님의 속성과 하나님의 은혜와 하나님의 뜻을 모두 깨달아 하나님의 뜻대로 실천하며 살아갑니다. 나에게 말할 수 없이 큰 사랑을 베푸신 사랑의 하나님을 체험하고, 그 사랑에 힘입어 이웃 사랑을 실천하며 살아갑니다. 지식으로만 알아서 아는 것이 아니라 하나님의 뜻을 삶에서 실천하며 그분과 동행하면서 살아갈 정도로 안다는 것입니다.

3절에는 더 나아가서 하나님의 뜻을 알고 실천하는 일은 힘써 해야 한다고 말씀합니다. 우리는 온 힘을 기울여 하나님의 뜻을 알아야 합니다. 하나님의 뜻을 실천하는 데 온몸으로 드려야 합니다. 하나님께 드리는 예배와 하나님을 아는 것은 취미나 교양이 아닙니다. 내 기분과 형편에 따라서 하든지 말든지 할 일이 아닙니다. 배용준 씨를 아느냐 모르느냐는 별로 중요하지 않습니다. 그런 지식은 제 인생에 큰 영향을 주지 않습니다. 그러나 하나님을 아느냐 모르느냐는 내 생명과 직결되고 내 인생 전체와 관련이 있기 때문에 너무나도 중요한 일입니다.

하나님을 알고, 하나님의 뜻대로 살아가는 것은 중요한 일입니다. 하나님께서 인간을 사랑하신다는 진리는 너무나 신실하고 확실합니다. 그분의 신실함에는 결코 변함이 없습니다. 하나님께서 한없이 우리에게 은혜와 축복을 베풀고 계심을 안다면, 우리도 하나님을 사랑하고 이웃을 사랑하는 데 헌신해야 합니다.

하나님의 자녀라면 하나님을 아는 일에 힘써야 합니다. 이렇게 하나님께로 돌아와서 하나님을 힘써 알게 될 때에, 그래서 하나님을 사랑하고 하나님의 뜻을 따라서 이웃을 사랑할 때에 하나님께서 우리를 회복시키시고 복 주신다고 말씀하십니다. 우리를 낮게 하시고, 싸매어 주시며 우리를 일으키신다고 말씀하십니다. 십자가에 죽으시고 무덤에 장사된 지 삼일 만에 죽은 자들로부터 예수님을 다시 살리신 하나님께서 우리를 살리시고 일으키신다는 말씀입니다.

하나님께서 3절에 새벽에 어둠을 깨고 해가 떠오르듯이 우리에게 오신다고 말씀하십니다. 읽기만 해도 따뜻해지고 희망을 주는 말씀입니다. 단비가 내리듯이 우리에게 오셔서 은혜와 축복을 주신다고 하십니다. 고난을 당하고 어려움을 당할 때 우리는 어떻게 해야 하나요? 우리가 할 수 있는 최고의 방법은 하나님께로 돌아가는 것입니다. 우리 하나님 아버지께로 돌아가서 그분을 힘써 알아야 합니다. 이렇게 우리가 하나님을 알고 하나님의 사랑을 이웃에 실천한다면, 하나님께서는 우리를 회복시키시는 은혜를 베풀어 주십니다. 진정으로 회복되기를 원하신다면, 하나님께로 돌아가 하나님을 힘써 알아야 합니다. 하나님 사랑과 이웃 사랑을 회복함으로 말미암아 하나님께서 우리에게 베푸시는 은혜와 축복을 체험하시기 바랍니다.

칭찬받는 사랑의 사람

제가 예전에 시무하던 교회에 한 권사님 계셨는데 그분은 기도의 사람이었습니다. 한번 엎드려 기도하면 밤이 새도록 기도하시는 분입니다. 그 시어머니 되시는 권사님께서도 기도대장이셨다는데, 제가 갔을 때는 할머니 권사님은 편찮으셔서 활동을 잘 못하셨고, 이 권사님께서 대를 이어 기도를 열심히 하셨습니다. 그리고 그 권사님의 큰 따님과 큰 며느리도 역시 기도대장이었습니다. 한 마디로 그 집안은 대를 이어 기도하는 가정이었습니다. 그 권사님이 얼마나 경우가 밝고 믿음대로 살아가는 분이신지 모두가 그분을 존경하였습니다.

그 권사님께서 제가 섬기는 동안에 교회 식당을 책임지고 계셨습니다. 아무리 힘들어도 새벽부터 나와서 온 교인들에게 따뜻하고 맛있는 식사를 제공해 주셨습니다. 사실 식당일을 하면 사비가 많이 들어갑니다. 그런데도 그 권사님 손이 얼마나 큰지 음식 한번 하면 풍성하게 남도록 음식을 준비합니다. 교역자들이 수련회를 한다고 하면, 어떻게 아셨는지 떠나는 차에 이것저것 싸주셔서 음식이 며칠을 먹고도 남습니다. 그뿐만 아니라 교회에서 남는 음식이 있으면 어려운 사람들을 불러서 하나하나 싸서 나눠 주셨습니다. 참으로 오랜 시간이 지났지만, 그 권사님의 따뜻한 사랑이 지금도 잊혀지지 않고 제 가슴 속에 남아 있습니다.

본문 말씀에 마음이 따듯한 분이 등장하는데 가이오라는 사람입니다. 그는 진실하고 사랑이 많으며 모든 사람들에게 인정받고 칭찬받는 분이었습니다.

진실한 사람

사도 요한은 에베소교회를 중심으로 소아시아의 많은 교회들을 영적으로 지도하였습니다. 소아시아의 흩어져 있는 많은 교회 지도자들 중 가이오라는 사람이 있습니다. '가이오' 라는 이름에는 '기쁨' 이란 의미가 담겨 있습니다. 사도 요한은 가이오를 사랑했습니다. 단순히 오래 전부터 알고 있기 때문에 사랑한 것이 아닙니다. 그렇다고 어떤 이해관계가 있어 사랑한 것이 아닙니다. 1절 말씀에는 믿음 안에서, 진리 안에서 사랑했다고 나와 있습니다. 아무런 이해관계 없이 순수하게 믿음 안에서 사랑했습니다.

요한은 가이오를 진실로 사랑하고 신뢰하였기에 이 편지를 보냈습니다. 요한의 편지를 읽다 보면 가이오에 대한 사랑이 흘러넘칩니다. 요한은 편지를 통해 가이오에게 네 영혼이 잘 됨 같이 범사에 잘 되고, 육신이 강건하기를 간구하는 축복의 인사를 하였습니다.

사도 요한이 가이오를 사랑한 두 가지 이유가 본문에 나옵니다. 첫째, 가이오가 진실한 사람이기 때문이었습니다. 둘째, 사랑의 사람이기 때문에 사랑했다고 요한은 말씀합니다.

가이오는 진실한 사람이었습니다. 그는 스승 요한에게서 복음을 듣고 배웠을 때에, 그것을 진리로 받아들였습니다. 그리고 예수 그리스도를 주님으로 영접했습니다. 복음을 그대로 받아들이고 믿은 것입니다. 가이오는 요한으로부터 배운 진리의 말씀을 그의 인생의 기준으로 삼았습니다. 그래서 자신이 전에 가치 있게 여겼던 것을 진리에 비추어 하나하나 고쳐 나갔습니다.

그리고 자신의 인생의 방향을 진리에 맞추어 근본에서부터 진리로 자신을 철저히 변화시켰습니다. 무엇보다 본질적으로 그는 생각과 태도를 완전히 바꾸었습니다. 그리고 진리를 믿은 그대로 실천하는 삶을 살았습니다. 다시 말해서 믿음과 삶이 일치했습니다. 그는 진실한 사람이었고 바른 사람이었습니다.

복음을 진리로 믿고 받아들이는 것, 예수 그리스도를 주님으로 영접하는 일은 우리 인생에 있어서 가장 중요한 일입니다. 그러나 믿음으로 그쳐서는 안 됩니다. 그 믿음을 생활 속에서 실천해야 합니다. 예수 그리스도를 주님으로 영접했으면, 예수 그리스도를 닮아가는 삶을 살아야 합니다.

우리가 이 복음을 실천하고, 예수 그리스도를 닮아가는 삶에는 결단이 필요합니다. 과거의 잘못된 삶을 단절하는 결단과, 언제 어디서나 진리를 드러내며 진리대로 사는 용기가 필요합니다. 자기가 결단한 그대로 일생 동안 변치 않고 진리로 살기 위해서는 인내가 필요합니다.

복음이 우리 나라에 처음 들어왔을 당시 우리 나라는 참으로 어두운 나라였습니다. 진리가 없어 어두움 가운데 살았던 나라였습니다. 이곳에 진리가 들어왔습니다. 이 땅에 생명의 복음이, 빛의 복음이 들어왔습니다. 우리 한국교회의 역사를 보면, 복음으로 그 삶이 완전히 변한 분들의 간증이 많이 있습니다.

옛날에는 돈이 좀 있다는 부자들이 첩을 많이 두었습니다. 어느 마을에 유지되시는 한 분이 예수를 믿었습니다. 주님을 영접하고 세례를 받으려고 세례문답을 하던 중, 첩을 두고 이중생활 하는 것이 딱 걸렸습니다. 목사님이 그에게 정리하고 와서 세례를 받으라고 했습니다. 그 부자는 이 문제를 가지고 꽤나 고민했습니다. 그 당시에는 윤리적으로 문제가 되지 않았으며 오랫동안 사회 풍조가 그러하였기에 이미 삶의 한 부분이 되어 있었습니다. 부자는 이제 가족이나 다름없고 딸린 아이들도 있어 한꺼번에 정리한다는 것은 무리였습니다. 세례를 받고 예수를 믿는 삶을 계속 살 것이냐, 정리할 것이냐 고민하다가, 결국 첩에게 일생을 살아갈 재산을 주고 떠나보냈습니다.

신앙생활을 제대로 하기 위해서 용기 있게 결단을 내리고 실천한 것입니다. 일생 동안 진리대로 살기 위해서는 인내가 필요합니다. 성경 속의 믿음의 선진들, 교회 역사 속의 믿음의 선배들은 모두 용기 있는 사람들이었습니다. 어떤 비난, 모욕, 위협과 협박 속에서도 굴하지 않고, 진리를 따라 예수 그리스도를 따라 살았습니다.

가이오의 삶을 지켜본 사람들은 모두 가이오가 진실한 사람이라는 것을 인정했습니다. 그는 모두에게 칭찬받는 사람이었고 사도 요한도 진리대로 사는 가이오의 진실됨에 참으로 기뻐했습니다. 요한은 가이오를 신앙적으로 지도하는 스승으로서 보람을 느끼고 기뻐했습니다. 가이오는 그 어떤 봉사보다, 그 어떤 사역보다 소중하고 진실한 사람, 바른 사람이었습니다.

사랑의 사람

진리를 실천하는 삶에 있어 구체적인 실례 중 하나가 손님을 친절하게 대접하는 사랑입니다. 주님께서 "누구든지 제자의 이름으로 이 작은 자 중 하나에게 냉수 한 그릇이라도 주는 자는 … 결단코 상을 잃지 아니하리라."(마 10:42)라고 말씀하셨습니다. 또, "손님 대접하기를 잊지 말라. 이로써 부지중에 천사들을 대접한 이들이 있었느니라."(히 13:2)라고 말씀하셨습니다. 그 말씀을 진리로 받아들이고 그대로 실천하여 손님을 대접하고 사랑을 베풀었다는 것입니다. 가이오는 진실한 사람이면서 동시에 사랑의 사람이었습니다. 가슴이 따뜻한 사람으로 그는 교회와 집에 찾아오는 손님들을 친절하게 대접하였습니다.

초대교회 당시에는 순회 전도자들이 있었습니다. 순회 전도자들은 정해진 교회가 없이 여러 곳을 돌아다니면서 전도하고 양육을 했습니다. 이곳저곳을 다니다 보니 삶에 필요한 것들을 공급받을 수 없었습니다. 이들은 잠잘 곳도 먹을 양식도 없었습니다. 그렇다고 그들의 수고를 누가 인정해 주고 위로해 주지도 않았습니다. 그들은 정서적으로 외로울 뿐만 아니라 생활이 불안정했습니다. 오로지 주님으로부터 받은 소명을 위해 주님만 바라보고, 주님만 의지하였습니다.

순회 전도자들이 가이오의 교회와 집에 찾아왔습니다. 가이오는 전혀 알지 못하는 낯선 사람이지만, 나그네가 자기 교회와 집에 오면 그들을 친절하게 대접했습니다. 그들이 머물러 있는 동안 잠자리와 음식을 제공했으며 그들이 떠나 여행하는 동안 필요한 것들을 제공하여 전송했습니다. 전도자들이 머물러 있는 동안 정서적으로 위로를 받고 새 힘을 얻도록 돌보았으며, 그들이 순회하는 동안에 염려 없이 사역하도록 도와주었습니다. 따뜻한 사랑으로 순회 전도자들을 친절하게 대접했습니다.

제가 신학교 졸업하고 처음 목회를 시작한 곳은 농촌의 미자립 교회였습니다. 그 다음에 군목으로 목회를 했습니다. 신학교를 졸업하고 5년 동안은 어려운 일이 있을 때마다 여러 교회를 다니면서 도움을 요청하기도 했습니다. 그때 참 많은 분들로부터 도움을 받았습니다.

지금도 기억나는 것은, 당시 교회는 산에 가서 나무를 해다가 불을 지펴서 예배를 드렸습니다. 일도 번거롭고 굉장히 힘이 들었습니다. 그때가 마침, 교회들마다 톱밥 난로를 치우고 기름 난로로 바꾸던 시기였습니다. 그래서 사라져 가는 톱밥 난로를 얻어다가 불을 때면서 예배를 드리는데 얼마나 흐뭇했는지 모릅니다.

또 군목 시절에는 음향시설이 없어서 소리소리 지르면서 설교를 했습니다. 사정을 안 영락교회에서 앰프, 마이크, 스피커 등 음향시설을 해 주셔서 점잖게 설교하려니까 얼마나 기분이 좋았던지 모르겠습니다. 돌아보면 정말 흐뭇한 기억이 아닐 수 없습니다.

많은 분들로부터 도움을 받았지만, 생각해 보면 때로 냉대를 받은 때도 많았습니다. 도움을 요청하면, 잠깐 앉아서 기다리라고 하고는 아무리 기다려도 연락이 없는 것입니다. 언제나 얘기를 들어줄까 눈치를 보며 기다리다가 그만 쓸쓸하게 돌아간 적도 있었습니다.

주의 일꾼들을 친절하게 대접하는 것은 주의 일에 동역하는 것입니다. 내가 직접 나가서 사역하지는 못하지만, 그 일꾼들을 위해 후원하고 협력하면, 진리를 위한 동역자가 되는 것입니다.

물론 이렇게 사랑으로 손님 대접하는 것이 항상 순조롭지는 않습니다. 가이오와 같은 교회 안의 지도자 중에, 손님 대접을 훼방하는 사람도 있었습니다. 디오드레베는 자신이 으뜸되기를 좋아하는 교만한 사람이었는데, 가이오가 사람들에게 칭찬받고 존경 받아 자신보다 더 영향력이 있는 것을 시기하고 질투했습니다. 그래서 순회 전도자들을 비방하고, 도울 필요가 없다고 비난했습니다. 자신이 손님 대접을 하지 않았을 뿐만 아니라, 다른 사람이 손님 대접하는 것도 못하게 했습니다. 심지어는 자기 말을 듣지 않는 사람을 교회에서 내쫓는 악행을 저질렀습니다.

반면 가이오는 사람의 말을 따르지 않고, 진리를 따라가는 사람이었습니다. 자기가 믿는 진리를 담대하게 실천했으며 강력한 반대자가 나타나더라도 굴하지 않았습니다. 그는 변함없이 친절하게 손님을 대접하고 사랑을 베풀었습니다. 교회와 성도가 친절하게 손님을 대접하고 사랑을 베푸는 것은 지극히 당연한 일입니다. 여기에 이견이나 이론이 있을 수 없습니다.

칭찬 듣는 사람

가이오가 진실하고 사랑의 사람이라는 것을 많은 사람들이 증언하고 칭찬했습니다. 그는 칭찬 받고 존경 받는 지도자였습니다. 많은 사람들에게서 가이오가 진실한 사람이라는 증거를 들은 사도 요한은 참으로 기뻐했습니다. 요한은 가이오를 가르치고 양육한 것에 대해서 깊은 보람을 느꼈습니다.

가이오는 스승에게 사랑 받고 신뢰받는 지도자였습니다. 당연히 하나님께서도 그를 기뻐하셨습니다. "누구든지 제자의 이름으로 이 작은 자 중 하나에게 냉수 한 그릇이라도 주는 자는 … 결단코 상을 잃지 아니하리라(마 10:42)." 말씀 그대로입니다. 하나님께서는 가이오와 같은 사람들에게 하늘 상급을 예비해 놓으셨다가 주실 것입니다.

예수 그리스도를 믿은 우리는 가족들에게, 성도들에게, 이웃들에게, 직장 동료들에게 어떤 평가를 받고 있는지 돌아보아야 합니다. 성도라면 진리를 믿음대로 실천하여 진실한 사람, 바른 사람이라는 칭찬을 들어야 합니다.

나그네나 손님, 낯선 사람을 친절하게 대접하고, 어려운 사람에게 사랑을 나누어 주는 사랑의 사람이 되어야 합니다. 먼 훗날 그들의 기억 속에 참으로 예수님을 만났다는 아름다운 간증이, 참으로 사랑의 그리스도인을 만났다는 아름나운 간승이 삶에서 풍성해지길 기도합니다.

환란 때에 함께 계시는 주님
(이사야 43장 1~7절)

소아과를 한 번 가 보았더니 주사바늘을 꽂고 병원에 입원해 있는 아이들이 눈에 띄었습니다. 갓난아기, 그저 한두 살 된 어린 아이가 주사바늘을 꽂고 있는 것을 보면 참 애처롭습니다. 혈관이 잘 안 나와서 그러는지 손등에다 주사바늘을 붙이고 다니는 아이도 보입니다. 또 어떤 아이는 머리를 깎은 다음 거기다가 주사바늘을 꽂은 경우도 봅니다. 그런 걸 보면 어린 것이 고생을 하니 그저 애처롭게만 느껴집니다.

저희 아이도 한 번 병원에 입원해서 주사를 맞은 적이 있었습니다. 처음에 손에다가 주사를 놓았는데 바늘이 빠져 버리더니 곧 손이 퉁퉁 부어올랐습니다. 그 다음엔 머리를 깎고 이마에다 주사바늘을 꽂아 보았지만 한 번에 탁 놓으면 얼마나 좋았겠습니까? 여기 찔렀다가 저기 찔렀다가, 간호사는 그저 땀만 뻘뻘 흘리고, 아이는 자지러지게 울기만 했습니다. 그걸 보고 있노라니 제 마음도 갈기갈기 찢어지는 듯 했습니다. 차라리 내가 아프고 말지, 어린 것을 여기저기 찌르니까 얼마나 가슴이 아팠겠습니까? 괜히 간호사만 미워졌습니다.

다른 아이가 주사를 맞을 때는 애처롭다는 생각만 드는데, 내 아이가 맞을 때는 마음이 갈기갈기 찢어지는 것 같습니다. 왜 그럴까요? 내 아이와 나는 특별한 관계 가운데 있기 때문입니다. 특별한 관계라서 특별한 관심과 특별한 사랑을 주기에 다른 아이에게서 느끼는 감정과는 차원이 다른 것입니다.

특별한 관계

성경은 전체적으로 일관되게 하나님과 우리와의 특별한 관계를 말씀하고 있습니다. 하나님의 약속을, 기본적인 약속을 줄인다면 '나는 네 하나님이다, 너는 내 백성이다.' 입니다. 이렇게 우리는 특별한 관계 속에 있습니다. 하나님과 우리는 특별한 관계이므로 내가 너와 함께 있겠다, 이것이 하나님의 약속입니다. 가장 기본적인 약속으로 하나님께서 우리와의 특별한 관계를 보여 주고 있습니다.

1절과 7절에서 하나님께서 하나님의 백성을 창조하셨다고 말씀하고 있고, 1절에는 조성하셨다고 말씀하고 있습니다. 아무것도 없는 무(無)에서 하나님께서 하나의 존재를 창조하셨습니다. 도예가가 도자기를 만들듯이 하나님께서 우리를 빚어서 하나의 작품으로 우리를 만드신 것입니다. 하나님께서 인간을 창조하실 때 인간을 가치 있는 하나의 작품으로 만드셨습니다. 작가가 작품을 만들 때에 혼신의 힘을 쏟고 온 정성을 쏟아 모든 재능을 다해서 정성껏 작품을 만드는 것같이 하나님께서 인간을 창조하실 때에 그렇게 온 정성을 기울여서 하나의 작품으로 만드셨습니다.

시장에 가 보면 대량 생산되어 나오는 상품들을 많이 볼 수 있습니다. 그래서인지 하나의 디자인이 유행하면, 그 해에는 전부 그것만 입고 다니는 것을 봅니다. 오래전에 얼룩덜룩한 청바지가 유행하더니 그 해 겨울에는 젊은 사람들이 그 청바지만 입고 돌아다니는 것 같았습니다. 똑같은 제품을 대량 생산하니까 입고 다니는 옷들이 같을 수밖에 없습니다.

그러나 유명 디자이너의 옷은 다릅니다. 자기 고객의 개성에 맞게, 그 사람의 체형에 맞게, 독특한 하나의 옷만을 제작합니다. 그 옷은 개성이 그대로 살아 있는 하나의 작품입니다. 화가의 그림처럼, 조각가의 작품처럼, 독특한 자기만의 개성을 가지고 독특한 작품을 만듭니다. 똑같은 것을 만드는 것이 아니라 각각 다른 독특한 것을 만드는 것입니다.

우리 사람도 마찬가지입니다. 하나님께서 사람을 각각 다른 개성을 가진 독특한 작품으로 만드셨습니다. 사람들이 판단하고 평가할 때는 그 사람의 외모를 가지고 잘생겼네, 못생겼네, 유능하네, 무능하네, 그렇게 평가를 내리고 판단하지만, 하나님께서는 사람을 각각 다 독특하게 하나의 작품으로 만드셨습니다.

요즘엔 산모들이 영양 상태가 좋아서 그런지 태어나는 아이들마다 눈망울이 똘망똘망하고 예쁩니다. 옛날에는 못생긴 애들이 많아서 어떤 분이 애기 낳은 집에 가서 갓 태어난 아이를 보고는 개구리 같다고 했다고 합니다. 개구리같이 생겼으니까 그렇게 표현을 했겠지만 엄마가 자기 아이를 볼 때에는 어떻게 보일까요? 엄마 눈에는 아이가 개구리가 아니라 세상에서 제일 예쁜 아이일 뿐입니다. 다 내 아이는 그렇게 예쁜 것입니다. 여기에는 어떤 객관적인 평가나 특별한 조항이 있을 수 없습니다. 이는 부모와 아이의 관계는 특별한 관계이기 때문입니다.

하나님께서 우리를 특별한 작품으로 만드셨습니다. 각각 다 개성이 다른 독특한 작품으로 만드셨습니다. 하나님은 작가시고 우리는 그분의 작품으로 작가와 작품은 특별한 관계에 있습니다.

또 말씀에 '너를 지명하여 불렀나니 너는 내 것이라.' 그리고 '나는 여호와 네 하나님이요.' 라고 말씀하고 있습니다. 그 말씀은 나는 네 주인이고 너는 내 소유라는 뜻입니다. 마치 목자가 자기 양을 그 개성과 성품을 다 잘 알아서, 한 마리 한 마리 이름을 불러내는 것과 같습니다. 우리가 볼 때에는 양들이 다 비슷비슷하게 보입니다. 그렇지만 목자는 모든 양들이 개성이 어떠한지, 습관이 어떠한지, 식성이 어떠한지 한 마리 한 마리 이름을 불러낼 정도로 자기 양들에 대해서 잘 알고 있습니다. 목자와 양의 관계는 특별한 관계입니다.

우리는 하나님께서 만드신 하나의 작품일 뿐만 아니라, 우리를 소유하신 주인으로 하나님과 우리가 사적인 관계에 있음을 의미합니다. 하나님께서는 우리의 성품을 너무나도 잘 알고 계십니다. 우리와 그분과의 관계는 그런 개인적인 관계로써 특별한 관계에 있습니다.

더 나아가서 6절에는 우리를 하나님의 아들과 딸이라고 말씀하십니다. 특별한 관계 가운데 가장 최고의 관계가 부모와 자녀 관계인데 우리가 하나님의 자녀라고 말씀하고 계십니다. 요한복음 1장 12절에서 "영접하는 자 곧 그 이름을 믿는 자들에게는 하나님의 자녀가 되는 권세를 주셨으니"라고 말씀을 하셨습니다. 예수 그리스도께서 갈보리 언덕의 십자가에서 피 흘려 죽으심으로 죄 가운데 있는 사람들을 자신의 피로 사시고 구원해 주셨습니다. 그리고 우리를 하나님의 자녀로 삼아주셨습니다. 예수 그리스도의 보혈을 통하여 우리가 하나님의 자녀가 되고 하나님과 특별한 관계에 놓이게 된 것입니다.

이렇게 하나님께서 우리를 자녀로서 보배롭고 존귀하게 여기고 사랑하십니다. 특별한 관계이기 때문에 특별한 관심과 특별한 애착, 특별한 사랑을 우리에게 주십니다. 작품이나 자녀를 돈으로 계산할 수는 없습니다. 사람들은 그림을 돈으로 사고팔면서 그렇게 가치를 돈으로 매기겠지만, 그 그림의 작가는 자기 작품에 대해서 돈으로는 계산할 수 없는 어떤 사랑을 가지고 있습니다. 자기의 자녀를 돈으로 계산할 수 있습니까? 세상의 그 무엇과도 바꿀 수 없는 사랑스러운 존재가 바로 자녀입니다. 특별한 관계이기 때문에 특별한 사랑을 베푸는 것입니다. 하나님께서 우리를 독특한 작품으로 만드시고 개인적으로 하나님의 아들과 딸로 삼아 주셨으므로 특별한 관계가 된 것입니다. 우리의 생김새가 어떠하든지, 우리의 능력이 어떠하든지, 빈부귀천 관계없이 다 독특하게 하나님과의 특별한 관계 속에 있는 것입니다. 특별한 관계이므로 하나님께서는 특별한 사랑과 특별한 애착을 가지고 계십니다.

함께하심

그렇지만 우리가 인생을 살아가다 보면 자녀라고 해서 환란을 피할 수는 없습니다. 내 탐욕이나 실수로 인해 당하는 고난이 있고, 자신과는 관계없이 갑자기 닥치는 그런 고난이 있습니다.

말씀에는 먼저 물과 불 등 자연재해에 대해서 언급하고 있습니다. 자연재해는 우리가 예측하지 못했을 때에 갑작스레 닥쳐오는 환란입니다. 우리가 감당할 수 없는 불가항력적인 환란입니다. 이런 자연재해 같은 환란이 예고 없이 닥쳐오면 우리가 할 수 있는 것은 아무것도 없습니다. 단지 속수무책으로 두려워 떨고 불안해할 뿐입니다.

그러나 이런 환란 가운데 있을 때 성경은 우리에게 말씀하십니다. 1절 말씀을 보십시오. "너는 두려워 말라. 내가 너를 구속하였고 내가 너를 지명하여 불렀나니 너는 내 것이라. 네가 물 가운데로 지날 때에 내가 함께할 것이라." 긴 문장 같지만 한 줄로 줄이면, '두려워 말라. 내가 너와 함께할 것이라.' 그 말씀입니다.

우리가 자연재해 같은 그런 환란 가운데 있다 할지라도 우리 하나님께서는 자연을 창조하시고 지배하시는 분이심을 기억해야 합니다. 그 모든 우주 만물의 창조자요, 지배자이신 하나님께서 우리 곁에 가까이 계셔서 우리를 보호하시고, 우리와 함께하신다는 말씀입니다. 이스라엘 사람들이 홍해를 건널 때, 하나님께서 함께하시어 보호하시고 그들을 구원해 주셨습니다.

사드락, 메삭, 아벳느고가 풀무불 속에 있을 때에도 하나님께서는 그들과 함께하셔서 보호하시고 구원하셨습니다. 다니엘이 사자굴 속에 있을 때에도 하나님께서는 그의 곁에 함께 계시고, 보호하시고, 구원하셨습니다.

1절에 구속한다는 말의 뜻은 내 가까운 친척이 빚을 졌을 때 그 사람 대신 내가 갚아 주어서 저당으로 잡혀 있던 것을 다 가져온다는 말입니다. 달리 말해서 내 가까운 사람이 곤란에 처해 있을 때에 그것을 구해 준다는 의미입니다. 하나님께서는 나와 특별한 관계, 아주 친밀한 가까운 관계 가운데 있으므로 내가 환란에 처해도 하나님께서 함께 하셔서 나를 그 가운데에서 구속하신다는 말씀입니다.

두 번째로는 역사 속에서 겪는 환란입니다. 하나님의 백성이 주변 여러 나라들로부터 침략을 당하기도 하고 먼 곳으로 포로로 잡혀 가는 그런 상황들이 성경에 나옵니다. 주변 강대국의 침략으로 말미암아 힘으로는 감당할 수 없고 스스로를 보호하지 못해서 포로로 잡혀 갈 수밖에 없습니다. 내 스스로 어떻게 할 수 없는, 내 힘으로는 막아낼 수 없는 그런 상황, 그것이 환란입니다. 그런 환란을 당할 때 내가 할 수 있는 일이란 그저 두려워서 떠는 것밖에 없습니다.

그럴 때에 성경은 무엇이라고 말씀할까요? 5절 말씀을 보십시오. "두려워 말라. 내가 너와 함께하리라."라고 말씀하십니다. 역사가 어떻게 흘러가든지, 어떤 어려움 가운데 처하든지, 역사를 주관하시고 지배하시는 하나님께서 내 곁에 함께 하셔서 보호하시고 구원해 주신다는 약속입니다.

하나님께서는 기드온과 함께 하셔서 미디안 군대를 물리치셨습니다. 하나님께서는 엘리사와 함께 하셔서 아람 군대를 물러가게 하셨습니다. 하나님께서는 히스기야 왕과 함께 하셔서 앗수르 군대를 멸망하게 하셨습니다. 나와 특별한 관계를 가지고 친밀한 사랑의 관계를 가진 하나님께서 내 곁에 함께 하심으로 내가 감당할 수 없는 환란에 있을지라도 나를 보호하시고 구원하신다는 말씀입니다.

어떤 사람이 자기 인생 전체를 하나의 환상으로 보았다고 합니다. 걸어온 인생길을 쭉 보니까 모래밭에 찍힌 발자국 환상이었습니다. 그 모래밭에 발자국이 찍혀 있는데 주님과 자기가 둘이 같이 걸어가는 모습이 보였습니다. 두 사람의 발자국이 있었습니다. 그런데 가다 보니까 어떤 시기에 가서는 두 사람의 발자국이 한 사람 발자국으로 줄어들었습니다. 가만히 살펴보니 그 한 사람의 발자국만 있을 때가 바로 자기로서는 견디기 힘든 고난을 겪을 때입니다. 그래서 이 사람이 주님께 투정 겸 불평 겸 이야기했습니다. "주님, 내가 고난을 당할 때에 주님은 어디 계셨습니까? 발자국이 하나밖에 없네요." 주님께서 "내가 너를 업고 갔다."라고 말씀을 하십니다.

고난을 당할 때, 환란을 당할 때에 다른 사람들은 다 떠나갑니다. 그러나 나를 가장 사랑하시는 분, 나와 특별한 관계를 가지신 그분은 고난을 당할 때 오히려 더욱 가까이 오셔서 끝까지 나와 함께하십니다.

우리는 자연재해 앞에서 역사가 전개될 때, 닥치는 환란에 대해서 속수무책일 수밖에 없습니다. 십여 년 전에 우리는 IMF 라는 경제 위기를 겪었습니다. 그런데 그 IMF라는 경제 위기는 물론 우리 나라 경제가 좀 취약한 이유도 있었겠지만, 그것이 우리 나라로부터 비롯된 것은 아닙니다. 태국에서 외환 위기가 생겨 다른 동남아 국가를 돌고 돌아서 나중에 우리 나라로 넘어온 것입니다. 다른 나라에서 발생한 위기가 우리 나라에 영향을 준 것입니다.

지금도 우리는 경제 위기에 놓여 말할 수 없이 불안한 가운데 살아가고 있습니다. 우리 경제는 전체적으로 구조조정을 해야 합니다. 그렇게 안 하면 경제 위기를 벗어날 수 없습니다. 그리고 구조조정을 하다 보면 많은 실직자가 생기기 마련입니다. 이렇게도 못하고 저렇게도 못하는 상당히 어려운 처지에 우리는 놓여 있습니다. 많은 기업들이 부도나서 연쇄부도로 중소기업이나 자영업자들까지 연이어 부도가 나고 있습니다. 부도로 사업체를 잃어버리고 실직자가 생기는 상황 가운데에서 우리가 살아가고 있는 것입니다.

내가 게을렀다든지 내가 불성실했다든지 그래서 겪는 어려움이 아닙니다. 성실하게 부지런하게 일을 했는데도 불구하고 경제 위기가 다른 곳에서부터 몰아쳐 와서 나도 같이 피해를 보게 되고 넘어지게 된 것입니다. 그러니 이 불안과 두려움이 우리 가운데 있을 수밖에 없는 것입니다.

그렇다면 이럴 때에 성경은 무엇이라고 말씀하십니까? "두려워하지 말라. 내가 너와 함께 함이니라."라고 말씀하고 있습니다. 하나님께서 우리와 특별한 관계를 가지고 계십니다. 우리는 하나님의 작품입니다. 하나님께서는 우리의 주인이시고 우리는 그분의 소유이자 하나님의 자녀입니다. 그래서 하나님께서 우리에게 특별한 사랑을 베풀고 계십니다. 우리가 환란 가운데 있을 때에 우리가 자녀라는 이유 하나만으로 하나님께서는 우리 곁에 다가오셔서 우리와 함께 계신다는 것입니다. 그분은 환란 가운데서 우리를 보호하시고 구원해 주실 것입니다. 예수님께서 우리 가운데 오신 것은 임마누엘, 즉 하나님이 우리와 함께하신다는 약속의 성취입니다. 지금 환란 가운데 빠져 있습니까? 우리와 특별한 관계를 맺으신 하나님께서 이 환란 중에 우리와 함께 계신다는 사실을 믿으시고, 두려워하지 말고 담대하시기 바랍니다.

우리 연약함을 담당하시는 주님

한 사회가 선진사회인가, 후진사회인가를 가늠하는 중요한 척도 가운데 하나가 그 사회 속에 있는 약자들, 즉 장애인이나 가난한 사람들을 어떻게 대우하느냐로 분간합니다.

1933년에 히틀러가 독일에서 정권을 잡았습니다. 나치 정권이 시작된 것입니다. 나치 정권이 시작되면서 히틀러는 우생학 법률이라는 것을 제정했습니다. 우생학 법률이란 유전적 질병을 가진 후손을 예방하기 위한 법률로, 이를 근거로 정신질환자나 장애인, 알코올 중독자들을 강제로 불임시키고, 안락사시키기 위해 제정한 법이었습니다.

뿐만 아니라 히틀러는 이 법과는 상관없이 1939년부터 비밀 명령으로 그런 약자들을 학살할 것을 지시했습니다. 1941년 교회에서 그것을 강력하게 항의하자 일시 중단하긴 했지만, 그 이후에도 계속해서 약자들을 2차 대전이 끝나던 1945년 그 정권이 몰락할 때까지 20만 명 이상을 학살했다고 합니다. 의사들이 치료할 수 없는 그런 사람들, 정신질환자나 장애인들을 살인기관에 보내서 가스나 약물로 학살한 것입니다.

나치는 유태인들만 학살한 것이 아니고 자기 국민 중에서도 장애인들, 연약한 자들을 학살하는 야만적인 행동을 저질렀습니다. 연약한 자를 무시하고, 학대하고, 제거해 버리는 사회는 야만사회입니다. 그러나 이와 반대로 연약한 사람들을 돌보고, 존중하고, 더불어 살아가는 사회를 문명사회라고 합니다. 우리 나라도 최근 들어서 점점 장애인들, 연약한 자들을 돌보는 복지시설과 복지정책을 점점 확대해 나가는 것은 참으로 반가운 일이 아닐 수 없습니다.

여기 마태복음 말씀은 우리가 연약한 것을 가지고 주님께 나아가면, 주님께서 우리를 불쌍히 여기시고, 우리의 연약한 것을 담당해 주신다는 사실을 분명하게 우리에게 말씀해 주고 계십니다.

인간의 연약함

예수님께서 산에서 산상수훈으로 가르치신 후, 산 아래로 내려 오셔서 많은 병자들을 치유하셨습니다. 사역을 많이 하셔서 피로하셨는지 쉬기 위해 가버나움이란 동네의 회당 옆에 있는 베드로의 집으로 들어가셨습니다.

그러나 그 집에서도 편안하게 쉴 수가 없었습니다. 베드로의 장모가 열병으로 앓아 누워 있었기 때문에 고쳐주어야 했고, 또한 예수님이 오셨다는 소문을 듣고는 마귀 들린 자들과 병든 자들이 그곳을 많이 찾아왔습니다. 연약한 사람들과 병든 사람들이 예수님께 나아왔습니다. 예수님께 나오면 문제를 해결을 받으리라는 믿음과 희망을 가지고 예수님께로 온 것입니다.

인간들은 연약한 존재입니다. 인간들이 이성을 가지고 있다지만, 인간의 이성과 지식은 극히 제한적입니다. 육체도 연약해서 쉽게 지치고 쉽게 병이 듭니다. 우리들의 정신과 정서도 쉽게 상처를 받고 낙심합니다. 의지도 약해서 하루에도 수도 없이 변하는 것이 우리 인간들의 마음입니다.

그러나 우리 사람들은 교만해서 자신들의 연약함을 인정하지 않습니다. 특별히 지식이 많고, 물질이 많고, 건강한 사람들은 인간이 연약하다는 것을 인정하려 하지 않습니다. 자신의 계획과 자신의 실력으로 못할 일이 없다는 교만한 자신감을 가지고 있습니다. 그렇지만 그 이면에 인간이 아무리 자신 감이 있다고 해도 그 마음 한 쪽 구석 깊은 곳에는 늘 불안이 존재하고 있습니다. 미래의 불확실성으로 인해서 늘 두려워하고 불안해합니다. 인간의 연약함을 인정하지 않는 사람들도 다른 사람들 앞에서 자신의 능력을 과시하지만 혼자 있을 때는 두려워하고 공허함에 시달립니다.

인간의 연약함을 인정하는 사람들은 주로 실패를 경험한 사람들입니다. 가정에서 배우자와의 관계, 자녀와의 관계에서 실패를 경험할 때 인간의 연약함을 절감합니다. 직장에서 일이 뜻대로 되지 않아 실패를 경험할 때 인간의 연약함을 뼈저리게 느낍니다. 육체의 질병으로 인해 고통이 찾아오면 인간은 연약하다는 것을 인정하게 됩니다. 그래서인지 인간의 연약함을 솔직하게 인정하는 사람들을 보면 주로 병원이나 감옥에 있는 사람들입니다.

인간이 무기력하고 무능력하다는 것을 인정하는 사람 중에 어떤 사람은 낙심하고 좌절해서 자포자기하기도 합니다. 그래서 자살을 하기도 하고, 술이나 음란물에 빠져 들기도 하며 도박이나 복권, 로또에 빠져 들기도 합니다. 우리 나라에 로또 열풍이 부는 이유는 여러 가지 경제적인 어려움을 탈피할 방법이 없기 때문에 거기에라도 희망을 걸려고 하는 현실 도피성 심리 때문입니다.

그러나 가버나움 인근에 사는 마귀가 들리고 병든 사람들은 자신들의 연약함을 알았습니다. 자신들의 능력으로는 문제를 해결할 수 없다는 것을 알고 예수님께 나아왔습니다. 예수 그리스도께서 자기들이 해결할 수 없는 문제들을 능히 해결해 주실 것을 믿고 나아왔습니다.

우리에게 가장 중요한 기본적인 자세는 무엇입니까? 우리가 연약한 존재이며 무능력하고 무기력한 존재임을 인정하는 것입니다. 마치 자신이 능력 있고 강한 것처럼 꾸미고 잘난 체 하지만, 그 끝은 멸망으로 가는 길입니다. 첫 번째 우리가 가져야 할 자세가 우리의 연약함을 인정하는 것이라면, 두 번째 자세는 우리의 연약함을 가지고, 우리 주님께 나아가는 것입니다. 그래야 우리가 살 수 있습니다. 문제 해결의 능력을 우리 주님께서 가지고 있다는 사실을 믿고 주님께 나와 맡기는 것이 사는 길입니다.

연약한 인간을 보시는 주님

예수님께서 무리들을 돌보시느라 피곤하고 지쳐서 잠시 베드로의 집으로 가셨습니다. 그런데 그 집을 들어가 보니 베드로의 장모가 열병으로 앓아누워 있었습니다. 예수님께서 병들어 누워 있는 베드로의 장모를 보셨습니다. 아무 관심 없이 지나가는 낯모르는 사람을 보듯이 본 것이 아닙니다. 관심을 가지고 주의 깊게 살펴보셨습니다. 피곤해서 쉬어야 할 상황이지만, 예수님께서는 불쌍히 여기는 마음으로 베드로의 장모를 보셨습니다. 그의 연약함을 다 보고 아셨습니다.

그리고는 베드로의 장모의 손을 만지시고는 병을 고치셨습니다. 불쌍히 여기는 마음으로 친히 손을 대서서 병을 고쳐 주신 것입니다. 예수님께서 병을 고치실 때, 주로 말씀으로 고치셨습니다. 하지만 지금 이 순간에는 베드로의 장모의 손을 만지심으로 고치셨습니다.

옛날에 남자가 여자의 손을 만지고 접촉하는 것은 당시 일반적인 풍습이 아니었습니다. 요즘에도 그렇습니다. 이제는 많이 달라지긴 했지만, 남자와 여자가 서로 손을 잡고 악수하는 것은 일반적인 풍습은 아닙니다. 오늘날도 우리 사회에서 이렇게 손을 만지는 것이 풍습에 어긋나는 일이지만, 그 당시 옛날 이스라엘에서는 더더욱 그랬습니다. 그러나 예수님께서는 불쌍히 여기시는 마음으로 풍습에 개의치 않고 그 여인을 고치셨습니다. 그리고 치유 받은 베드로의 장모는 즉시 일어나서 예수님께 수종을 들었습니다. 감사한 마음으로, 기쁨과 열정으로 예수님을 섬겼습니다.

우리가 연약함을 인정하고, 예수님께 우리 연약함을 온전히 맡기면, 예수님께서 그것을 돌보아 주십니다. 예수님께서는 우리를 긍휼이 가득 찬 마음으로 보십니다. 풍습과 관습에 구애받지 않으시고, 우리를 불쌍히 여기며 보십니다. 그리고 우리의 연약한 부분을 만져 주십니다.

우리가 연약할 때, 나 혼자 어려움을 겪는다고 불평할 때가 많습니다. 아무도 나의 어려움을 알아주지 못하고, 이해하지 못한다고 원망합니다. 나 혼자 끌어안고 고민하다가 파멸하고 말 것이라고 낙심합니다. 물론 보는 사람도 없고 알아주는 사람도 없습니다. 그러나 우리가 분명히 기억할 것은 사람들은 이해해 주지 않을지언정 주님께서는 관심을 가지고 우리를 주의 깊게 보신다는 사실입니다. 주님께서 우리의 모습과 형편을 다 아시고 다 이해해 주십니다. 사람들이 몰라주어도 좋습니다. 사실 사람들이 알아주지 아니한들 어떻습니까? 주님께서 보시고 우리를 다 아신다면 그것으로 족한 것입니다.

연약함을 담당하시는 주님

하나님의 아들이 이 땅에 메시야로 오셨습니다. 우주 만물과 모든 나라를 다스리는 왕으로 오셨습니다. 하늘과 땅의 모든 권세를 가지고 능력의 왕으로 오셨습니다. 그러나 우리 예수님은 그런 권세와 권력을 가지고 계시지만, 세상의 왕과는 전혀 다른 분이십니다. 세상의 권력자들은 히틀러와 같이 약자를 무참하게 학살해 버리는 권력을 행사하지만, 우리 예수님은 그렇게 지배하고 억압하고 처벌하는 왕이 아닙니다.

선지자 이사야는 전혀 다른 메시야 상을 계시하였습니다(사 53:4-6). 17절 말씀이 바로 그것인데 인간의 연약한 것을 친히 담당하시고 병을 짊어지시는 메시야로 묘사했습니다. 하나님의 아들이, 메시야가 이 땅에 오셔서 우리의 연약함을 친히 담당하시고 병을 짊어지셨다고 말씀하고 있습니다. 예수님은 능력과 권세를 마구 휘두르는 분이 아니십니다. 강한 자로 우뚝 서서 연약한 자를 무시하는 분이 아니십니다. 연약한 자를 책망하고 꾸짖고 훈계하는 분이 아니십니다. 아무 사랑 없이 사무적으로 또는 기능적으로 능력을 행사하는 분이 아니십니다.

우리 예수님은 연약한 자를 사랑하시고 불쌍히 여기십니다. 연약한 것을 그분이 친히 담당하십니다. 연약한 자의 고통과 수치에 친히 참여하셔서 충분히 이해하시고 그 고통을 함께 겪으십니다. 그 고통에 함께 동참하시면서 능력으로 문제를 해결해 주시는 분이십니다. 예수님께서는 인간을 추악한 죄에서 구원하기 위하여, 친히 인간의 죄를 짊어지고 십자가를 지신 분이십니다. 인간의 죄의 수치와 고통을 모두 짊어지고 그것을 이겨 내셨습니다. 그렇게 해서 인간의 죄짐을 벗겨 주시고, 인간을 죄의 권세에서 해방시켜 주시고 구원해 주셨습니다.

〈가이드포스트〉지에 실린 김동수 교수님의 간증을 나누어 보겠습니다. 어느 날, 그 교수님께 한 환자가 찾아왔습니다. 지방에서 온 어린 환자로 원인을 알 수 없는 고열이 계속되자 서울의 다른 대학병원에서 치료를 받았습니다. 거기에서도 병의 원인을 알아내지 못하자 이 교수님을 찾아오게 된 것입니다. 이전의 병원에서는 간에 이상이 있는 것 같아 조직검사를 해 봐도 잘 모르겠으니 개복수술을 해서 간을 검사하자고 하니 부모가 겁이 나서 이 교수님을 찾아 온 것입니다. 이 교수님이 검사를 해 보니까 말초혈액염증 세포가 40,000이 넘어가고, 간에 농양이 있다는 것을 발견했습니다. 그래서 전

병원에서 썼던 것과 똑같은 항생제 치료를 시작했습니다. 그렇다고 항생제 치료만 한 것이 아닙니다.

이 교수님이 아기를 데리고 온 부모님들과 아기를 보니까 너무나 초췌하고 절망적인 모습에 안타까운 마음이 들었습니다. 그래서 치료와 동시에 집중적으로 기도를 시작했고, 부모에게도 내가 이 아기를 치료하면서 기도하고 있으니 당신들도 기도하라고 권유를 했다고 합니다. 그래서 그렇게 함께 기도를 시작했습니다.

놀랍게도 치료 후 이틀 째부터 열이 떨어지기 시작했습니다. 열이 어느 정도 떨어진 다음에 복부 CT 촬영을 해 보니 간 종양이 거의 다 사라져버린 것입니다. 건강이 회복되자 그 아기는 한 달 후 퇴원했습니다. 아이의 퇴원 후 회진을 돌면서 제자 되는 전공의가 질문했습니다. "선생님, 참 이상해요. 먼저 병원에서도 똑 같은 치료를 했는데, 거기서는 상태가 나빠지고 여기서는 왜 좋아졌을까요?" "응. 그건 기도마이신을 썼기 때문이지. 그것도 용량을 두 배나 강력하게 때렸거든."

그 교수님이 의학 지식이 훌륭한 분이지만, 의학지식과 기술만을 가지고 사무적으로 환자를 치료한 것이 아니라 그 아기와 부모의 고통을 짊어지고 하나님께 나아가서 기도를 한 것입니다. 그렇게 함으로써 주님께서 아기의 연약함을 맡으시고 치유하셨던 것입니다.

우리 인간들은 연약한 존재입니다. 연약한 존재라는 사실을 인정하시기 바랍니다. 내세울 것이 있다고 강한 체 하지 마십시오. 그렇다고 연약하다고 해서 낙심하지도 마십시오. 단지 연약한 그대로 하나님 앞에서 자신의 모습을 인정하시기 바랍니다. 그러면 주님께서는 관심을 가지고 우리의 연약함을 주의 깊게 보십니다. 그리고는 우리의 연약함을 그분께서 친히 담당하셔서 우리의 연약한 것을 벗겨 주시고 우리를 자유케 해 주십니다.

아무리 힘들고 어려운 일일지라도 주님께서 담당해 주십니다. 당신에게 있는 육신의 질병, 가정과 자녀의 어려움, 경제적인 짐, 연약한 짐, 이 모든 것들을 가지고 나와 주님께 맡기심으로 자유케 되는 은혜가 있기를 바랍니다.

기도, 천국의 열쇠

깨어 있어 기도하라

(마태복음 26장 36-46절)

평화의 왕께서 예루살렘에 들어가셨습니다. 수많은 사람들이 예수님께서 예루살렘에 입성하시는 것을 보고 기뻐하며 환영했습니다. 많은 무리가 예수님을 따랐고, 대단한 행진 행렬이 형성되었습니다. 사람들이 성전으로 가는 길에 옷이나 종려나무 가지를 깔았습니다. 손에는 종려나무 가지를 흔들면서 왕을 환영하였고, 어린아이들은 "호산나 다윗의 자손이여!"(마 21:15)라며 노래했습니다. 이제 예수 그리스도의 시대, 메시야의 시대가 도래한 것을 모두가 기뻐했습니다.

그러나 제사장이나 서기관들, 유대의 종교 지도자들은 사람들로부터 환영받는 예수님을 시기하고 미워했습니다. 그들은 어떻게 하든지 예수님을 죽이기 위해서 음모를 꾸몄습니다.

그 와중에 예수님의 한 제자와 접선이 이루어졌습니다. 그 제자는 자기 선생님을 배신하여 선생님을 돈 받고 팔아 넘겼습니다. 유대 종교 지도자들의 음모는 이제 결정적인 기회를 맞게 되었습니다.

예수님께서는 자신에게 점점 죽음이 다가옴을 것을 아셨습니다. 예수님은 제자들과 최후의 만찬을 나눈 뒤 그들과 함께 겟세마네 동산으로 기도하러 가셨습니다. 그 밤이 십자가를 눈앞에 둔 마지막 밤이었으므로 기도로 준비하기 위하여 겟세마네에 오르셨습니다. 겟세마네는 예수님께서 자주 가신 곳이라 가롯 유다도 잘 알고 있는 장소였습니다. 겟세마네란 말에는 '기름 짜는 틀', '맷돌' 이라는 의미가 있습니다.

예수님께서는 그곳에서 몸부림치며, 온몸과 마음을 쥐어짜는 기도를 드렸습니다. 기도는 힘든 일입니다. 예수님께는 말할 수 없는 슬픔과 고민이 있었습니다. 그 고민이 얼마나 심했던지, "내 마음이 심히 고민하여 죽게 되었다(38)"고 제자들에게 심경을 토로할 정도였습니다.

우리는 인생에 있어서 여러 가지 고민을 안고 살아갑니다. 어떤 학생은 성적이 떨어지자 고민하다 자살을 합니다. 자기 마음의 답답한 것을 스스로 이겨 내지 못해 방황을 합니다. 그러나 점점 나이가 들어 사회에 진출하면 학업 성적과는 비교도 할 수 없는 삶을 살아가야 합니다. 직장생활을 하다가 실직하고, 사업하다가 그 사업이 무너질 때 그 고민이 얼마나 크겠습니까? 직장이나 가정에서 관계의 문제로 고민을 겪는 경우도 많이 있습니다.

그러나 고민 중에 가장 큰 고민은 죽음을 눈앞에 두었을 때입니다. 그 고민은 표현할 수 없을 정도로 가장 큰 고민일 것입니다. 만약 당신이 조금밖에 살 수 없다는 사형선고를 받았다면, 내 앞에 시시각각 다가오는 죽음으로 인해 말할 수 없는 고민에 빠질 것입니다. 내 존재가 밑바닥에서부터 무너지는 현상을 두고 고민하지 않을 사람이 누가 있겠습니까?

예수님께서는 십자가 죽음을 바로 눈앞에 두고 숨이 막히도록 고민을 하셨습니다. 가장 비참한 죽음, 가장 고통스러운 죽음, 가장 수치스러운 죽음을 눈앞에 두고 무게를 헤아릴 수 없는 고민을 하셨습니다. 당하실 육체적 고통뿐만 아니라 자신을 포기하는 마음의 고통도 너무나 컸습니다. 낙심이 되고 좌절이 되었습니다. 하나님 아버지께 버림받는 고통은 말할 수 없이 컸습니다. 그 고통을 혼자서 외롭게 짊어지기가 너무나 힘이 들었습니다. 두렵고 슬펐습니다. 그래서 제자들에게 나와 함께 있자고 도움을 요청했습니다.

우리 예수님은 참 하나님이시면서 동시에 참 인간이셨습니다. 신성과 인성을 동시에 가진 분이셨습니다. 복음서에는 예수님의 인간적인 면이 많이 나옵니다만 이 순간이야말로 예수님의 인간적인 면을 그대로 볼 수 있는, 예수님의 가장 연약한 점이 드러나는 순간이었습니다.

예수님뿐만 아니라 제자들도 나름대로 고민이 많았습니다. 제자들도 불안하고 낙심이 되었습니다. 예루살렘에 점점 가까이 올 때 예수님께서는 제자들에게 이별할 것, 고난당하실 것, 제자들이 흩어질 것을 반복하여 말씀하셨습니다(마 26:31). 제자들은 예루살렘에 가면 예수님은 왕이 되실 것이 분명하고, 그렇다면 자기들은 높은 자리에 앉게 되어 큰 성공을 거두리라는 기대를 했었는데 그런 기대는커녕 견딜 수 없는 고난이 닥칠 것이라는 불길한 생각이 그들 가운데 점점 커져만 갔습니다.

제자들은 또한 피곤하였습니다. 하루 종일 예수님과 함께 사역을 하였고 유월절 만찬을 나누었습니다. 그리고 쉬지 못한 채 밤늦게 예수님과 함께 겟세마네 동산에 왔기에 심신이 피곤한 상태였습니다.

깨어 있어 기도하라

이렇게 낙심하고 좌절된 상태에 있으면, 시험에 들 수밖에 없습니다. 사탄의 계교에 말려들어서 패배할 수밖에 없는 것입니다. 그래서 예수님께서 제자들에게 시험에 들지 않게 깨어 있어 기도하라고 말씀하셨습니다. 예수님께서 거듭 거듭해서 깨어 있으라고 말씀하셨습니다.

'깨어 있으라' 는 말은 잠자지 말라는 의미를 넘어 슬픔과 두려움에 빠져 있지 말고 거기서 벗어나서 정신 차리라는 말씀입니다. 인간의 연약함에 사로잡혀서 주저앉지 말고 정신 차리고 그것을 극복하라는 말씀입니다.

그리고 '기도하라'고 말씀하셨습니다. 고민하고 불안해 하는 것은 인간의 연약함에 빠져 있다는 뜻입니다. 그 말씀은 하나님을 바라보고 하나님의 도우심을 간구하라는 말씀입니다.

그러나 제자들은 깨어 있는 데 실패했습니다. 기도하는 데 실패했습니다. 그들은 인간의 연약함을 이기지 못했습니다. 인간의 비겁함마저도 그대로 드러냈습니다. 베드로는 바로 얼마 전에, "다 주를 버릴지라도 나는 언제든지 버리지 않겠나이다(마 26:33).", "내가 주와 함께 죽을지언정 주를 부인하지 않겠나이다(마 26:35)."라고 호언장담했습니다. 그러나 그의 신앙은 마음뿐인 신앙이었습니다. 자기 말대로, 믿음대로 실천하지 못했습니다. 예수님은 이런 인간의 연약함과 무능력함을 다 아셨습니다. 그래서 "마음에는 원이로되 육신이 약하도다(마 26:41)."라고 탄식하셨습니다. 깨어 있는 데 실패한 제자들, 기도하는 데 실패한 제자들은 예수님께 아무런 도움이 되지 못했습니다.

그러나 예수님은 홀로 깨어 기도하셨습니다. 곁에서 기도로 돕는 사람이 아무도 없어도 기도하고 또 기도하셨습니다. 예수님은 똑같은 기도제목을 가지고 거듭거듭 기도하셨습니다. 처음에 기도하실 때는 인간의 연약함이 앞섰습니다. 곧 닥칠 십자가의 고통이 너무나 두려웠습니다. 고난의 잔, 죽음의 잔을 마신다는 것이 너무나 괴로운 일이라 할 수만 있다면 이 고난을 피하고 싶다고 하나님께 말씀드렸습니다. 그러나 예수님은 이 모든 선택과 결정은 나에게 달린 것이 아니라 하나님께 달려 있음을 알고 받아들였습니다. 십자가를 피하고 싶었으나 기도를 거듭하면 할수록 예수님의 기도는 나 중심의 기도에서 하나님 중심의 기도로 그 무게 중심이 옮겨 갔습니다. 기도하실 때마다 그 고난과 고통의 무게가 가벼워진 것은 아니지만, 예수님께서는 자신의 뜻을 전부 내려놓았고, 하나님 아버지께 전적으로 모든 것을 내 맡기셨습니다. 하나님 아버지의 큰 뜻과 계획을 알고 예수님께서는 자신의 모든 뜻을 아버지의 뜻에 일치시킨 것입니다.

처음에는 내 뜻을 앞세웠지만 기도가 거듭되면서 하나님의 뜻을 내 뜻보다 앞세우게 되었습니다. 점차 하나님의 뜻이 분명해졌습니다. 십자가 고난 속에 있는 하나님의 사랑이 보인 것입니다. 하나님께서 이 십자가를 통해 인간의 죄를 사하시고, 인간을 구원하시고자 하는 하나님의 사랑이 분명하게 드러난 것입니다.

예수님도 그 사랑으로 마음이 뜨거워졌습니다. 이 십자가는 단순한 고난이 아니고 부활로 가는, 하나님께서 높이시고 영광을 거두게 하시는 계획임을 알았습니다. 예수님께서는 하나님께서 자신을 다시 살리시고 높이시리라는 확신을 가졌습니다. 지금 당장 눈앞에 고난이 있지만, 예수님께서는 이 고난을 넘어 부활에 대한 확신과 창세전에 예정하신 하나님의 계획을 보았습니다.

오늘날 우리들의 삶을 돌이켜 보면, 우리는 우리 스스로 삶에 얽매여 살아가고 있습니다. 많은 분들이 일에 빠져 살아갑니다. 돈에 빠져 살아가고, 지위와 성공에 미쳐 살아갑니다. 어떤 사람들은 술에, 혹은 마약에 빠져 살아가는 사람도 있습니다. 그런가 하면 젊은이들은 컴퓨터 게임, 인터넷 메일, 채팅, 포르노에 빠져 살아갑니다. 온 국민이 스포츠에 빠진 경우도 봅니다. 또 우리는 자주 근심과 염려 가운데 빠져 살아갑니다.

베드로전서 5장 8절 말씀에는 "근신하라. 깨어라. 너희 대적 마귀가 우는 사자 같이 두루 다니며 삼킬 자를 찾나니 너희는 믿음을 굳건하게 하여 그를 대적하라."라고 말씀하십니다. 고민에 빠지고 세상 속에 빠지면 마귀의 시험에 걸릴 수밖에 없다는 말씀입니다. 성도는 우리에게 권면하고 명령하시는 하나님 말씀에 귀를 기울어야 합니다. 지금 우리가 빠져 있는 데서 깨어서 정신을 차려야 합니다. 우리의 연약함이 보였다면 깨어서 극복해야 합니다. 우리 생의 문제가 어디에 있는지 삶을 조용히 돌이켜 보시기 바랍니다. 어디에 빠져 있습니까? 일에 빠져 있습니까, 고민에 빠져 있습니까? 우리는 넘어진 곳에서 일어나 하나님께로 향해야 합니다. 기도하는 삶을 살아가야 합니다. 내 생각과 뜻을 포기하고, 하나님의 뜻에 전적으로 의지하고 복종해야 합니다.

우리가 낮아질 때 성령님께서 우리를 도우십니다. 성령님의 도우심으로 우리는 하나님께서 우리와 함께 계신다는 사실을 알게 됩니다. 하나님께서 나를 사랑하시고 나를 도우시고 구원하시려 한다는 확신을 가지게 됩니다. 이 확신으로 말미암아 우리는 연약함을 극복하고, 마귀의 시험을 이기고 승리할 수 있습니다.

일어나라 함께 가자

우리 예수님께서 확신을 얻은 후 고난을 향해 담대하게 일어났습니다. 예수님께서 제자들에게 말씀하십니다. 46절에 "일어나라. 함께 가자. 보라, 나를 파는 자가 가까이 왔느니라." 예수님께서 기도하셨다고 해서 고난이 없어지지 않았습니다. 그러나 고난을 향해 담대하게 일어나 나갈 수 있었던 것은 아버지 하나님께 드린 기도 때문이었습니다. 마치 전쟁터로 나가는 전사같이 고난에 정면 대응하셨습니다. 십자가를 향하여 당당히 나아가셨습니다. 기도로 하나님의 뜻을 확신하고, 기도로 고난을 이겨낸 것입니다. 기도로 이미 승리하였기에 담대하게 행동하신 것입니다.

캐롤 버리스라는 부인이 근육 무력증에 걸렸습니다. 이 병에 걸리면 근육이 점점 무력해져서 활동을 하지 못하게 되고, 끝내는 죽음에 이르게 하는 희귀병입니다. 그 병을 고치기 위해서 여러 가지 약물을 과다하게 투여하다 보니 머리카락이 모두 빠지고, 온몸과 얼굴이 퉁퉁 부었습니다. 거울에 비친 자신의 모습은 한심하고 비참하기 짝이 없었습니다. 깊어만 가는 병마에 낙심이 되었습니다. 때로 심장과 호흡에 장애가 일어날 때마다 그대로 죽었으면 하는 생각이 들었습니다. 주변 사람들에게 짐이 되었다는 사실에 마음은 너무나 무거웠습니다. 그래서 자기 스스로 벽을 높이 쌓고 홀로 고립된 삶을 살아갔습니다.

그러던 어느 날 교회에서 성가대원들이 찾아와 같이 찬송하며 합심하여 기도를 드렸습니다. 성가대원들이 같이 통성 기도할 때에 이 부인은 하나님께서 나와 함께 하신다는 사실을 확신하게 되었습니다.

그들이 돌아간 다음, 그녀는 '기도하고 믿었으면, 이제는 실천하고 행동해야 되겠다' 는 생각을 가졌습니다. 자기 주위에 있는 좌절과 어두움의 그림자를 다 물리치고, 하나님께서 주신 선한 것들만을 생각했습니다. 그리고 내가 지금 아무 것도 할 수 없는 처지에 있지만, 휠체어 타고 조금이라도 움직일 수 있다면, 다른 어려운 사람, 혹은 병원에 있는 사람들을 찾아가서 위로하고 사랑을 베풀어야겠다고 다짐했습니다. 그녀는 그렇게 기도한 대로 하나씩 하나씩 실천해 갔습니다. 처음에는 힘들고 괴로웠지만, 자기도 모르는 사이에 점점 몸이 좋아지고 있다는 사실을 깨달았습니다. 이제는 더 이상 병이 두렵지 않았습니다. 자신의 인생에 있어서 병이 더이상 문제가 되지 않았습니다. 하나님께 기도드린 그녀는 마지막 순간까지 최선을 다하며 살았습니다.

캐롤 버리스 부인과 같이 기도하면, 성령께서 우리 마음 가운데 확신을 주십니다. 하나님께서 나와 함께 하신다는 확신, 하나님께서 나를 사랑하신다는 확신, 하나님께서 나를 도우시고 구원하신다는 확신을 가지게 됩니다. 확신을 얻은 사람은 그냥 앉아 있지 않습니다. 넘어진 자리에서 일어납니다. 현실에 놓인 고통이 중요하지 않음을 앎으로 그 사람은 담대하게 세상 가운데 나가서 자기가 기도한 대로 실천하며 살아갑니다.

고민하지 마십시오. 고민은 십자가에 던져 버려야 합니다. 내가 어디에 서 있는지 직시해야 합니다. 고민에 빠져 있는 데에서부터 일어나 하나님께 기도하시기를 바랍니다. 우리를 향하여 '일어나 함께 가자' 하신 예수님의 아름다운 권면이 내일의 소망을 가슴에 안고 믿음의 걸음을 내딛는 성도들에게 능력이 되기를 기도합니다.

믿음의 기도
(누가복음 18장 1-8절)

끈질긴 간청

인류 역사상 광범위한 대제국을 가장 오랫동안 다스렸던 나라는 로마제국입니다. 로마는 다른 나라를 칼로 정복했음에도 내적으로는 법으로 다스렸습니다. 오늘날과 같이 완비된 법을 가진 것은 아니었지만, 로마는 법으로 다스리던 법치국가로 아주 유명했습니다. 당시 다른 고대국가들과 비교해 보면 로마는 법이 잘 정비되어 있었고, 법의 정의로 잘 다스리던 나라였습니다.

그렇지만 로마제국이 파견한 식민지 관리들의 횡포는 말할 수 없이 심했습니다. 그들은 권력을 남용하고 뇌물을 받아 챙기는 등 백성들을 모질게 괴롭혔습니다. 재판관은 법으로 사회정의를 확립하고, 약자를 보호해야 할 임무가 있음에도 고대 로마제국 식민지에 파견된 로마 재판관들은 심히 부패하고 타락했습니다.

본문 2절 말씀에는 한 도시에 재판관이 있었습니다. 그러나 그 재판관 역시 부패한 사람이었습니다. 그는 하나님을 조금도 두려워하지 않았으며 지극히 이기심으로 가득 찬 인간이었습니다. 하나님을 두려워하지 않는 것은 하나님의 심판이나 하나님의 책망을 두려워하지 않는다는 것이며 선의 개념이나 의의 기준이 없다는 말입니다. 자기 자신이 선의 기준이기 때문에 자기가 편리한 대로, 자기 유리한 대로 살아갑니다. 어떤 객관적인 기준을 놓고 자기를 성찰하고 반성하면서 살아가는 것이 아니라, 자기의 기준으로 자기 멋대로 살아가는 것을 말합니다.

말씀에서 그는 또한 사람을 무시했다고 합니다. 그는 자신의 인생관에 있어서 자신만이 최고이며 다른 사람들은 전부 사람같이 생각하지 않았던 자였습니다. 높은 지위와 권력을 가지고 있었기 때문에 그의 태도는 오만불손했습니다. 사람들이 자기를 어떻게 생각할까, 자기에 대해 어떤 말을 할까, 사람들 사이에서의 자기에 대한 평판과 인격 등은 전혀 개의치 않았습니다. 다른 사람들을 무시하고 멸시했을 뿐만 아니라, 하나님을 두려워하지 않는 부패하고 타락한 관리였습니다.

그런데 그 도시에 억울한 일을 당해 원한이 많은 과부 하나가 있었습니다. 남편 없이 여자 혼자서 살아간다는 것은 고대 세계에서는 너무나 힘든 일이었습니다. 이 여인은 지위도 돈도 없었고, 아무도 도와주는 사람이 없는 외롭고 가난한 사람이었습니다. 소위 말해서 그 사회에서 가장 약한 사람이었습니다. 성경에서는 고아와 과부와 나그네를 사회에서 가장 약자로 들고 있습니다. 그런데 그 도시에 악한 자가 있어서 이 연약한 여인을 억압하고 착취했습니다. 세상에는 힘없고 돈 없는 사람을 괴롭히는 악한 자들이 많이 있습니다. 이와 반대로 부당하게 억압당하고 착취를 당하는 연약한 사람들도 세상에는 많이 있습니다.

얼마 전에 신문을 보니까, 주부 한 사람이 남편 몰래 6백만 원의 신용카드 빚을 졌습니다. 여인은 그 빚을 갚기 위해서 사채업자로부터 돈을 빌렸는데, 사채업자와 계약하기를 하루에 1부 이자를 주기로 했습니다. 그 여인과 남편 이름으로 카드 13장을 만들어서 사채업자가 가지고 있는 조건에 카드 관리 수수료로 한 달에 50만 원씩 받기로 계약했다고 합니다. 그래서 600만 원이

1년반 만에 2억 원으로 불어나 버렸습니다. 어떻게 그런 계산이 나오는지 모르겠습니다. 결국 이 일로 인해 여인은 남편과 이혼하고, 두 사람 모두 신용 불량자가 되었습니다. 나중에는 이 사채업자가 이 여인을 자기 주점에 종업원으로 고용한 다음, 급여를 가로채고 윤락을 강요하다 결국 상습공갈 등의 혐의로 구속되었다고 합니다. 세상에는 이런 악한 사람들이 있어서 위의 여인의 인생과 같이 한 가정이 완전히 파괴되는 일은 오늘날에도 종종 볼 수 있습니다.

이와 같은 모양으로 그 옛날, 혼자 살던 여인을 괴롭히는 악한 자가 있었습니다. 여인은 그로 인해 너무나 가슴에 한이 맺혀 그 억울한 사정을 재판관에게 가서 탄원하고 법으로 보호해 주도록 요청했습니다. 그러나 불행하게도 이 재판관은 법으로 사회 정의를 구현하겠다는 생각이 전혀 없었습니다. 뇌물을 갖다 주면 뇌물을 받은 대로 판결을 해 주는 그런 사람이었습니다.

정말 이 여인은 가진 것이 아무 것도 없었습니다. 돈도 권력도 도와줄 사람도 없었습니다. 여인이 가진 것이란 한 가지 오직 끈기뿐이었습니다. 여인은 끈기를 가지고 재판관을 찾아갔습니다. 재판관을 자주 찾아가 자기 원수에 대한 원한을 풀어 달라고 간청했습니다. 재판관이 무시해도 계속 찾아갔습니다. 때로는 문전에서 박대를 받을 때도 있었지만 계속 찾아갔습니다. 그녀는 포기하지 않고 계속 갔습니다.

이쯤 되니까 재판관이 힘들어졌습니다. 무시해도 또 오고, 묵살해도 또 오니 재판관은 여인 때문에 무척 귀찮아졌습니다. 성경에는 이 여인 때문에 재판관이 괴롭게 되었다고 이야기하고 있습니다. 결국 재판관은 여인의 간청을 들어 주었습니다. 이 여인을 괴롭혔던 원수를 법으로 처단하고, 여인의 원한을 풀어 주었습니다.

재판관이 정의 구현이라는 자기 임무를 수행하기 위해서 그 사회의 약자인 여인의 원한을 풀어 준 것이 아닙니다. 무슨 뇌물을 받고 이익을 얻은 것도 아닙니다. 단지 그 여인이 끈기 있게 찾아와서 간청하였고 재판관은 귀찮아서 여인의 간청을 들어 준 것뿐입니다. 여인은 가진 것이란 아무 것도 없는 연약한 존재였지만, 끈기를 가지고 요지부동의 불의한 재판관의 마음을 움직였습니다. 끈기로 자기 인생을 바꾼 것입니다.

믿음의 기도

예수님은 불의한 재판관을 움직인 끈기 있는 이 여인을 모델로 하여, 믿음의 기도가 어떤 것인가를 가르쳐 주셨습니다. 7절에 이렇게 말씀하고 계십니다. "하물며 하나님께서 그 밤낮 부르짖는 택하신 자들의 원한을 풀어 주지 아니하시겠느냐. 저희에게 오래 참으시겠느냐. 내가 너희에게 이르노니 속히 그 원한을 풀어 주시리라." 불의한 재판관과 하나님은 전혀 본질적으로 다르다고 말씀합니다.

우리는 먼저 하나님은 의로우신 분이시라는 사실을 믿는 데서부터 출발해야 합니다. 하나님은 공의로우시고 정직하신 분이십니다(신 32:4). 하나님께서는 불의와 거짓과 억압을 용서하지 아니하십니다. 하나님께서는 불의한 것을 그냥 두지 아니하시고 반드시 심판하시며 고아와 과부와 나그네, 사회의 약자들을 강한 자로부터 보호하십니다. 하나님께서는 가난한 자와 약자를 무시하거나 외면하지 아니하십니다. 그들의 부르짖는 소리를 들으시고 그들의 억울함을 풀어 주십니다.

우리가 믿음의 기도를 드릴 때 먼저 믿어야 할 것은 하나님은 의로우신 분이라는 사실입니다. 연약한 자의 억울함을 내버려 두지 아니하시는 의로우신 분입니다. 또한 기도하는 우리는 하나님의 택하신 사람이라는 사실을 믿어야 합니다. 그리고 하나님께서는 택하신 자들의 기도를 들으시고 응답하십니다.

불의한 재판관과 이 과부 여인은 아무 관계가 없는 사이입니다. 그러나 이 여인이 끊임없이 가서 요청을 하니까, 불의한 재판관은 여인의 간청을 들어 주었습니다. 거기에 반해 하나님과 우리의 관계는 아주 특별합니다. 우리가 아직 죄인이었을 때에, 하나님께서 그 아들을 우리에게 보내 주셔서 십자가에 죽으심으로 죄에서 우리를 구원하여 주셨습니다. 그리고 예수님을 구주로 믿는 우리에게 하나님의 자녀가 되는 특권을 주셨습니다. 우리가 자녀이므로 하나님을 아바 아버지라고 부를 수 있게 되었습니다. 하나님께서 우리 아버지시고 우리가 하나님의 자녀인, 특별한 관계를 맺게 된 것입니다.

하나님께서는 자녀된 우리를 사랑하십니다. 택한 백성된 우리에게 관심을 기울이십니다. 우리가 부당하게 억압을 당할 때 우리를 불쌍히 여기십니다. 우리가 고난을 당할 때 우리는 긍휼히 여기시고, 우리가 고통을 당할 때 아버지 하나님께서는 우리를 안타까워하시고 같이 고통을 느끼십니다. 그분은 우리의 기도를 들으시고 응답해 주시는 하나님이십니다.

하나님은 의로우신 하나님이십니다. 하나님의 자녀로서 하나님께 기도할 때 어떻게 기도해야 할 것인가, 믿음의 기도가 어떤 것인가를 살펴보도록 하겠습니다. 믿음의 기도는 끈기 있게 항상 기도하는 것입니다. 끈기 있게 계속 기도하는 것입니다. 기도를 신앙생활의 최우선으로 하고 내 삶의 최우선으로 삼을 때 우리는 항상 기도할 수 있습니다.

많은 분들이 바쁘기 때문에 기도할 시간이 없다고 이야기합니다. 바빠서 기도할 시간이 없다고 말하는 것은 내 삶의 우선순위에서 기도가 제일 뒤로 밀려 있다는 의미입니다. 그러나 다른 어떤 일보다 기도를 최우선적으로 하는 습관을 가진다면, 그 사람은 항상 기도하게 됩니다. 가장 좋은 시간에 기도할 뿐만 아니라 어떤 일을 하든지, 어디에 있든지 그 시간을 기도하는 시간으로 만들 수가 있습니다. 이렇게 기도 제목을 붙들고 항상 기도하는 것이 바로 믿음의 기도입니다.

믿음의 기도는 낙망하지 않고 기도하는 것입니다. 실망하지 않고, 포기하지 않고, 끈기 있게 기도하는 것이 믿음의 기도입니다. 그러나 기도할 때 우리의 약점이 있다면, 자신이 기도하고는 그것을 쉽게 잊어버린다는 것입니다. 간절한 마음이 없으니까 다 잊어버리고 맙니다. 또 다른 약점은 기도하다가 빨리 응답 안 된다고 쉽게 낙심해 버립니다. '빨리 빨리' 문화에 우리가 익숙하다 보니 기도도 인스턴트로 빨리 응답받기를 원합니다. 그래서 응답이 속히 오지 않으면 쉽게 낙망해 버립니다. 아무리 기도해도 하나님께서 응답해 주지 않으신 것처럼 보일 때가 있습니다. 사람들이 이럴 때 쉽게 낙심하고 쉽게 포기해 버리는데 그것이 우리 기도의 약점입니다.

우물을 파는 전문가가 있었습니다. 그 사람이 한번 땅을 파면 반드시 물이 나왔습니다. 사람들이 성공의 비결을 그에게 물었습니다. "어떻게 당신은 땅을 파기만 하면 물이 나옵니까?" 그 사람이 대답하기를 "비결은 간단합니다. 저는 한번 우물을 파면 물이 나올 때까지 계속 파내려 갑니다. 그러니까 파는 곳마다 물이 나오는 겁니다." 그것이 비결이었습니다. 물이 나올 때까지 시간이 얼마나 걸리든지, 깊이가 얼마나 되든지 끝까지 파니까 그 사람이 파면 물이 나오는 것입니다.

꿀벌을 생각해 봅시다. 꿀벌이 꿀 한 숟가락을 만들기 위해 꽃과 벌집 사이를 4천 2백 번이나 왕복한다고 합니다. 게으른 사람은 개미에게 가서 배우라고 말씀하듯이 우리는 자연의 미물들로부터 배워야 합니다. 포기하지 않고 끈기 있게 일하는 사람만이 바라는 바를 성취합니다. 하나님의 약속을 믿고 포기하지 말고 끈기 있게, 낙망하지 않고 계속 기도하는 것이 바로 믿음의 기도입니다.

세 번째로 믿음의 기도는 밤낮 부르짖는 기도입니다. 부르짖는다 함은 간절한 기도를 의미합니다. 절박한 상황 가운데에서 꼭 응답을 받아야 하는 마음으로 간절하게 기도하는 것, 그것이 바로 부르짖는 기도입니다.

자녀들을 길러본 사람이라면 갓난아이들의 울음소리를 식별할 수 있습니다. 아이들이 불만이 있거나 문제가 있으면 울음으로 자기를 표현합니다. 그런데 그 아이들의 울음에는 가짜 울음이 있고 진짜 울음이 있습니다. 가짜 울음은 자다가 뒤척거리면서 칭얼칭얼 대거나 혹은 나쁜 꿈을 꾸었을 때 자지러지게 우는 경우입니다. 그런 경우에는 그냥 놔둬도 잠시 울다가 그치고 맙니다.

그러나 진짜 울음은 아주 크고 진합니다. 배고플 때, 기저귀를 갈아야 할 때, 무엇인가 불만이 있고 필요를 채워야 할 때는 아주 힘차게 웁니다. 그런 경우에는 부모가 가서 문제를 해결해 주지 않으면 결코 울음을 그치지 않습니다. 자지러지듯이 숨이 넘어가도록 울기 때문에 문제를 해결해 주어야만 울음을 그칩니다. 꼭 가서 문제를 해결해 주어야 합니다.

하나님께서는 우리가 기도할 때 그것이 건성으로 하는 기도인지, 간절한 기도인지 분간하십니다. 우리가 기도할 때 하나님께서는 우리가 의심을 품고 하는 기도인지 혹은 진실된 마음으로 하는 기도인지 분간하십니다. 하나님께서는 간절한 마음으로 기도할 때, 들으시고 응답하십니다. 간절한 기도가 바로 믿음의 기도입니다.

하나님께서는 믿음의 기도를 들으시고 응답하십니다. 기도하는 사람이 유식하든 무식하든, 부자이든 가난하든지 간에 이런 것은 아무 문제가 되지 않습니다. 사람들에게는 그런 것들이 중요하겠습니다만 하나님께서는 외모를 취하는 하나님이 아니십니다. 하나님께서는 단지 기도하는 자의 믿음을 보십니다. 하나님이 의로우신 분이라는 사실을 믿고 나아가야 합니다. 하나님께서는 내 아버지이시고 나는 그 하나님의 자녀라는 사실을 믿고 나아가야 합니다. 기도할 때 낙망치 말고 간절하게 부르짖으면, 하나님께서 그 믿음의 기도를 응답해 주십니다. 하나님께서는 우리의 진실된 믿음 하나만 보십니다.

하나님께서는 지금 우리의 목소리를 듣기 원하십니다. 많은 것을 알지 못해도, 말을 더듬는다 해도 하나님께서는 우리의 기도에 귀 기울여 주시고 응답해 주십니다. 우리의 기도를 늘 응답해 주시는 주님의 이름을 찬양합니다.

나그네의 기도

(시편 123편 1-4절)

슬픔 중에 있는 인간

순례자는 여호와의 집에 기쁜 마음으로 왔습니다. 오랜 여행 끝에 이제 예루살렘에 도착했습니다. 그리고 하나님의 집에 들어가 하나님께서 주실 은혜를 기대하면서 무릎을 꿇었습니다. 하나님 앞에 엎드려서 기도드릴 때에, 자기가 나그네 인생길을 살아오면서 겪었던 슬픔과 고통을 하나님 앞에서 쏟아 놓았습니다. 우리도 흔히 나그네 인생을 살아가면서 겪는 여러 가지 슬픔과 고통이 있습니다만은 이 순례자도 같은 슬픔과 고통을 하나님 앞에 다 털어놓고 있습니다.

기도의 첫 번째 단계가 있다면, 그것은 우리의 사정과 형편을 하나님 앞에 다 드러내는 것입니다. 자기가 처해 있는 형편, 죄와 고통 같은 것을 감춰두고만 있으면 기도가 되지 않습니다. 이 시인도 이런 것들을 하나님 앞에 다 드러냈습니다. 그는 하나님 앞에 자기의 고통과 슬픔을 드러낼 때, 평안한 자와 교만한 자에게 조소와 멸시를 받아서 극심한 고통 가운데에 있다고 하나님 앞에 토로하고 있습니다.

여기서 '평안한 자' 라고 함은 물질도 풍성하고 건강해서 삶을 살아가는 데 하나도 걱정이 없는 사람을 말합니다. 이런 사람들은 만사가 편안하기 때문에 다른 사람의 형편과 처지를 잘 이해하지 못합니다. 그 사람이 왜 그렇게 배고파서 힘들어 하는지, 왜 그렇게 고통을 겪고 있는지, 왜 그렇게 억눌려서 힘들어하는지를 이해하지 못합니다. 그리고는 자기보다 못한 형편에 있는 사람들에게 그 사람의 형편과 처지를 고려하지 않고 자기 기분 내키는 대로 말하고 행동합니다. 다른 사람이 지금 어떤 어려움 가운데에 처해 있는가를 전혀 아랑곳하지 않고 제멋대로 말하고 행동합니다. 다른 사람의 심정이 어떤지 전혀 고려하지 않은 채 자기 생각대로, 자기 형편에 맞는 대로 행동하고 말합니다.

또 '교만한 사람' 이 나옵니다. 교만한 사람은 힘이 있는 사람으로 자기 힘을 의지하여 살아가는 사람입니다. 이런 사람들은 하나님을 의지하지 않습니다. 왜냐하면 삶에 있어 하나님의 필요성을 느끼지 못합니다. 힘이 있으므로 자기 힘을 의지하고도 얼마든지 삶을 살아갈 수 있는 사람입니다. 이런 사람들에겐 도무지 신앙을 찾아볼 수가 없습니다. 교만한 사람은 잘못된 우월감과 자신감을 갖고 있기 때문에 자기보다 못한 다른 사람을 업신여기고 깔봅니다. 힘으로 다른 사람을 짓밟고 멸시하는데 이는 다른 사람을 짓밟고 그 위에 올라서는 것이 바로 자기가 높아지는 길이라고 생각하기 때문입니다. 그래서 다른 사람을 억누르는 것을 지극히 당연한 것으로 여기고 그런 일에 쾌감을 느끼며 살아갑니다.

시인의 주위에는 이렇게 평안한 자와 교만한 자들이 많이 있었습니다. 그 평안한 자와 교만한 자가 시인을 멸시하고, 조롱하고 압제했습니다. 그들로 인해 시인은 심한 고통과 슬픔을 겪었습니다. 그들의 멸시와 천대로 시인의 자존심은 점점 깨어져 갔습니다. 교만한 자의 폭력과 폭언으로 인해 인간의 존엄성이 파괴되었습니다. 시인은 씻을 수 없는 상처를 입어 병고에 시달렸습니다. 그의 정서에는 두려움과 미움으로 가득 찼습니다. 마음 가운데에 평안은 사라지고 미움과 분노로 가득 차니 그 마음은 깨어지고 병이 들게 된 것입니다.

오늘날 이 시대를 살아가는 우리들 가운데는 시인과 같이 이렇게 아픔을 겪는 사람들이 많이 있습니다. 나그네의 인생길을 살아가면서 다른 사람들로부터 조롱과 멸시를 당하고, 폭력과 폭언으로 인해 마음에 상처를 입어 삶이 파괴되는 사람들이 많이 있습니다. 오늘날 소수의 청소년들은 친구들 사이에서 왕따를 당하면서 병들어 가고 있습니다. 집단 폭행으로 그 마음이 앓고 있습니다. 지금의 우리 사회의 현주소는 어떠합니까? 인간성이 파괴되어지고 있습니다.

가정도 예외가 아닙니다. 부모의 사랑을 받지 못하고 부모의 폭언과 폭행으로 인해 마음이 병드는 자녀들이 많이 있습니다. 남편이 아내를, 아내가 남편을 비웃고, 멸시하고 압제함으로 인해서 가정이 병들어 가고 있습니다. 직장생활하면서 멸시와 조소로 그 마음속에 두려움과 미움이 독초처럼 자란 사람들도 있습니다. 나중엔 좌절과 절망으로 자포자기하여 생명력이 없이 살아갑니다.

시인은 이렇게 우리가 나그네의 인생을 살아가면서 흔히 겪는 그런 극한 상황의 슬픔과 고통을 겪고 있습니다. 미치고 죽을 지경에, 자기 힘으로는 도저히 감당할 수 없는 극한 상황에 다다르게 된 것입니다.

하나님을 바라봄

이런 상황에 도달했는데도 시인은 슬픔과 고통에 빠지지 않았습니다. 절망이 오는 순간에 그는 방향을 전환한 것입니다. 슬픔에 빠지기보다 하나님 앞에 엎드려 기도함으로써 방향을 전환했습니다.

1절 말씀을 보면 '하늘에 계신 주여, 내가 눈을 들어 주께 향하나이다.' 그는 눈을 들어 주님께로 향했습니다. 교만한 자, 평안한 자, 자기를 멸시하고 조소하는 자, 그리고 슬픔과 고통 가운데에 처해 있는 현실과 상황을 바라보는 것이 아니라 그 상태에서 눈을 들어 주님께 향했습니다. 자기를 멸시하는 자들이 아니라 눈을 들어 주님을 바라봄으로써 완전히 방향전환을 한 것입니다.

그는 자기에게 닥친 그 슬픔과 고통뿐만 아니라 자기를 괴롭히는 사람을 자기가 감당할 수 없다는 사실을 인정했습니다. 그는 자신의 힘이 연약하다는 사실을 올바로 깨달은 것입니다. 그리고 고통과 슬픔에서 해방되고, 자유와 평안을 얻을 수 있는 길은 오직 하나님께만 있다는 사실을 알았습니다.

하나님께서는 어떤 분이십니까? 시인은 '하늘에 계신 주님'이라고 고백합니다. 하늘에 계신 주님은 전능하신 분으로 온 우주만물을 창조하셨고, 말씀으로 그 모든 것들을 다스리는 분이십니다. 권능과 권위를 가지신 분이고 왕 중의 왕이십니다. 주님께서는 그런 권능을 가지셨지만 낮고 천한 인생들을 돌아보시는 분이십니다. 불꽃같은 눈동자로 그 백성들이 어떻게 살아가는지 일일이 다 살피시는 분이십니다. 그분만이 유일한 희망이 되시기에 시인은 눈을 들어 그분께로 향했습니다.

우리도 역시 나그네와 같은 인생 길을 걸어가고 있습니다. 우리 주위에는 평안한 자, 교만한 자, 압제하는 자들이 많이 있습니다. 우리는 때로 나그네 인생길을 가다가 슬픔과 고통에 빠져 말할 수 없는 상처를 입을 때가 있습니다. 상황이 그럴지언정 그 슬픔에 빠져 들어가지 마시기 바랍니다. 눈을 들어 주님께로 향해야 합니다. 세상이 아니라 하나님을 향하여 방향을 전환해야 합니다. 세상과 사람에 집착하지 말고 방향을 전환하여 하늘에 계신 주님을 바라보아야 합니다.

"하늘에 계신 주여, 내가 눈을 들어 주께 향하나이다." 시인은 하나님을 바라볼 때 간절한 눈으로 바라보았습니다. 슬픔과 고통이 너무 크다 보니 오직 유일한 희망이신 그분을 간절한 눈으로 바라보았습니다. 마치 종이 주인이 어떻게 지시하실까 주인의 지시만 주의 집중해서 바라보는 것과 같이 이 시인도 하나님을 바라봅니다. 하나님께서 보호하시고 구원하시는 것 외에 다른 소망이 없다는 것을 알기 때문에 하나님을 간절히 바라보았습니다.

본문에서 시인은 하나님을 바라볼 때 하나님을 전적으로 의지하고 바라보았습니다. 주인의 손에 자기의 모든 생사와 삶이 달려 있는 종과 같이 그는 하나님께 전적으로 의지했습니다. 하나님을 겸손한 마음으로 바라보고 어떤 처분을 내리든지 복종하겠다는 마음으로 바라보았습니다. 기도는 무엇일까요? 기도는 하나님께 전적으로 의지하는 것입니다. 하나님을 바라보면서 간절한 마음으로 간청하는 것이 바로 기도입니다.

우리가 슬픔과 고통 가운데에 빠졌을 때 우리의 문제를 해결하실 분은 오직 하나님밖에 없다는 사실을 믿어야 합니다. 하나님만이 구원이시고 하나님만이 희망이십니다. 하나님을 바라보고 하나님께 기도할 때에 간절한 마음으로, 전심으로 하나님을 의지하시기 바랍니다.

기도의 내용

시인이 하나님 앞에 기도할 때 그 기도는 단 한 가지 "우리를 긍휼히 여기소서."였습니다. 2절 말씀을 보면 "우리 눈이 여호와 우리 하나님을 바라며 우리를 긍휼히 여기시기를 기다리나이다. 여호와여, 우리를 긍휼히 여기시고 긍휼히 여기소서."라는 단 한 가지 기도였습니다.

'긍휼히 여긴다' 는 것은 윗사람이 아랫사람에게 몸을 굽혀서 호의와 은혜를 베푼다는 말입니다. 아랫사람이 잘 하고 자격이 있어서가 아니라 전적으로 윗사람의 호의와 은혜로 아랫사람에게 허리를 굽혀 도와준다는 것을 말합니다. 자비를 전적으로 베푸는 것입니다. 시인은 하나님 앞에서 자기가 무엇을 요청할 만한 자격이 없으며 그럴 위치가 아니란 것을 알고 있습니다. 다만 하나님께서는 사랑이 많으시고 은혜와 자비가 풍성하시기 때문에 그 사랑에 의지해서, 그 긍휼에 의지해서 하나님의 긍휼을 베풀어 달라고 간청했습니다.

우리 하나님은 사랑과 자비가 풍성하십니다. 그래서 죄인들과 연약한 자들에게 은혜와 자비를 베푸십니다. 하나님께서 우리에게 베푸신 최고의 긍휼은 자신의 아들을 이 땅에 보내 주신 것입니다. 죽어야 마땅한 죄인들에게 자신의 아들을 이 땅에 보내셔서 죄인들의 질고를 지고, 죄인들의 슬픔을 담당케 하셨습니다. 하나님은 긍휼이 풍성하시기에 시인은 그 하나님께 긍휼을 간구하였습니다.

동방교회에서는 '예수기도' 라는 것을 한다고 합니다. '예수기도' 라는 것은 '주 예수여, 저를 불쌍히 여겨 주시옵소서.', '저를 긍휼히 여겨 주소서.' 이렇게 짤막하게 드리는 기도를 말합니다. 러시아 사람, 이름없는 순례자 한 사람이 이 예수기도를 늘 드렸습니다. 하나님 앞에 가까이 나가는 방법이 무엇이 있을까 생각을 하다가 '예수기도' 를 드리게 되었습니다. 그래서 그는 예수기도를 드릴 때 호흡하듯이 했습니다. 호흡하는 것과 똑같이 '주 예수여, 저를 불쌍히 여겨 주시옵소서' 라고 기도했습니다. 이 짧고 간단한 기도를 반복하면서 그는 하나님께 집중했습니다.

순례자인 이 시인은 나그네 인생을 살아가면서 하나님 앞에서 기도하고 있습니다. 그와 동일하게 나그네 인생을 살아가는 우리들에게 필요한 좋은 기도가 있다면 바로 시편 123편 말씀입니다. 시인은 먼저 자기의 슬픔과 고통을 하나님 앞에서 털어 놓습니다. 그 다음에는 그 슬픔으로부터 눈을 들어 하나님을 바라보았습니다. 그리고 오직 하나님만을 의지했습니다. 문제 해결이 하나님밖에 없다는 사실과 구원이 하나님으로부터 온다는 사실을 알고 하나님만 바라보았습니다. 그런 후 순례자는 하나님께서 베푸실 은혜를 겸손하게 기다렸습니다.

우리도 나그네 인생을 살아가면서 평안한 자와 교만한 자, 압제자들 때문에 슬픔과 고통 가운데에 있을 수 있습니다. 믿는 성도로서 그럴 때는 어떻게 해야 되나요? 그 조소하고 멸시하는 자들을 보거나 자기가 겪는 슬픔과 고통만을 바라보고 있으면, 사람은 계속해서 거기에 빠져 들게 마련입니다. 우리의 눈을 돌려야 합니다. 눈을 들어 문제의 해결자이신 하나님을 바라보아야 합니다. 우리의 구원자이신 하나님을 바라보고 하나님만 의지해야 합니다. 하나님만이 우리의 희망이십니다. 능력의 하나님, 긍휼을 베푸시는 하나님, 그 하나님만을 바라보고 하나님께 우리를 긍휼히 여겨달라고 기도하시기 바랍니다.

전력투구하는 기도

(역대하 20장 1-13절)

위기

여호사밧 왕이 흐트러졌던 나라를 바로 세웠습니다. 바른 지도자들을 세워서 그 지도자들을 통해 나라를 바로잡아 나갔습니다. 나라의 여러 가지 신앙과 정신을 바로 세우고, 사회 질서와 사회 기풍들을 잡았습니다. 그의 노력으로 나라는 견고하게 되었고 평안을 찾았습니다.

그런데 생각지도 않았던 전쟁이 벌어지게 되었습니다. 이스라엘 동쪽, 혹은 남쪽, 서해 건너편에 있는 작은 부족국가들이 서로 동맹을 맺은 후 연합군을 구성하여 침략을 해 온 것입니다.

여호사밧 왕이 바른 신앙 자세로 나라를 다스렸을 때는 하나님께서 함께 하셨습니다. 하나님께서 함께 하시니까 주변의 나라들이 감히 넘보지 못했습니다. 하나님께서 그들에게 두려운 마음을 주셨으므로 감히 여호사밧과 유다 왕국을 넘보지 못했던 것입니다.

처음 왕이 되었을 때 여호사밧은 국방에 힘을 썼습니다. 중요한 도시마다 요새를 만들고 군대를 주둔시켰습니다. 각 지파별로 전시에 동원할 수 있는 군대의 수를 세어보니 수효가 116만이나 되었습니다(대하 17:14-18). 그만큼 튼튼하고 견고한 나라, 어떠한 나라도 넘볼 수 없는 나라로 견고히 섰습니다.

그런데 북쪽 이스라엘 왕국은 악한 자와 교제를 하면서부터 하나님으로부터 멀어지게 되자, 주위에 있는 작은 나라들이 유다 왕국도 하나님이 떠나신 줄 알고 유다를 넘보게 되었습니다. 북이스라엘 왕국이 아람 왕국에 패하자 주위에 있는 나라들이 드디어 유다 왕국을 침략해 들어왔습니다. 침략자들이 얼마나 빨리 들어 왔는지, 예루살렘 남쪽 가까이에 있는 엔게디라는 곳까지 진격해 왔습니다.

기도 — 위기의 대처

적군이 가까운 곳까지 벌써 바싹 다가왔다는 급보를 듣고, 여호사밧 왕은 두려워했습니다. 3절에 "여호사밧이 두려워하여 여호와께로 낯을 향하여 간구하고 온 유다 백성들에게 금식하라 공포하매, 유다 사람이 여호와께 도우심을 구하려 하여 유다 모든 성에서 모여와서 여호와께 간구하더라."라고 말씀하고 있습니다.

여호사밧은 두려운 마음이 들었습니다. 여호사밧은 옛날 아람 왕국과의 전쟁에서 죽을 뻔했던 일이 머릿속에 되살아 난 것입니다. 그 당시 전투에서 다 죽게 되었던 여호사밧을 하나님께서 살려주셨습니다. 그때 그 위급했던 상황이 떠오른 것입니다. 전쟁을 치르면 많은 사람들이 생명을 잃고 피를 흘리게 되는데 그런 일이 다시 일어나니까 두려움이 밀려왔습니다. 갑작스런 적의 침입에 나라가 언제 꺼질지 모르는 위태한 지경에 이르자 어떻게 해야 할지 몰랐습니다.

다른 한편으로는 분노와 배신감을 느꼈습니다. 사해 건너편에 있는 나라들은 역사적으로 이스라엘과 좋은 관계를 가졌던 나라들이었습니다. 애굽에서 나올 때에도 그 나라를 통해서 가나안 땅에 들어왔지만 하나님께서 그 나라들을 건드리지 못하도록 금하셨기 때문에, 침략하거나 전쟁을 한 적이 없었습니다. 서로 좋은 관계로 잘 지내왔는데, 지금 갑자기 그들이 연합해서 쳐들어오니까 여호사밧은 그만 분노와 배신감이 치밀어 올랐습니다.

우리도 여호사밧과 같을 때가 있습니다. 살아가다가 위기가 닥치면 감정이 격해지기도 합니다. 우리 속에 분노, 배신감, 두려움, 불안, 초조, 이런 것들이 엄습한다 할지라도 마음이 흘러가는 대로 내버려 두어선 안 됩니다. 이런 감정들은 본질적으로 문제 해결에 별로 도움이 되지 않습니다. 그 감정들을 잘 정리하고 현실을 분명하게 바라보아야 합니다.

여호사밧 왕은 두려움과 배신감과 같은 감정들이 몰려올 때 모든 감정들을 추스르고 하나님 앞에 나아가 기도했습니다. 하나님께 얼굴을 들어 전심으로 간구했습니다. 그는 기도하면서 이 전쟁의 원인이 무엇인지를 깨닫게 되었습니다. 자기가 하나님을 멀리하고 악한 자와 교제한 것과, 하나님의 뜻에 불순종한 것으로 인해 선지자가 전에 예언했던 대로 하나님의 진노가 임한 것이었습니다. 그는 예언 그대로 응해졌다는 것을 깨달았습니다. 결국 이 전쟁과 이 위기는 여호사밧 스스로 자초하게 되었다는 사실을 깨닫고 자기 자신을 돌아보면서 깊이 회개했습니다.

우리가 마음이 어려울 때에 하나님께 기도하면, 여러 가지 부정된 감정들이 먼저 떠올라서 기도가 제대로 안 되는 경우가 있습니다. 그러나 하나님 앞에 그 모든 것들을 하나하나 쏟아놓으면서 우리 자신을 돌아보아야 합니다. 타인에 대한 분노, 원망 같은 감정들이 하나 하나씩 사라져 버리고나면, 결국 이 문제가 나의 죄로 인해서 일어났다는 것을 깨닫게 됩니다.

여호사밧 왕은 이렇게 자기 자신을 돌아보며 회개했습니다. 그리고 이 위기의 결말은 인간에게 속한 것이 아니라, 하나님께 속한 것이라는 사실을 알았습니다. 하나님께서 함께 하시면 이 위기를 이겨낼 수 있지만, 하나님께서 함께하지 아니하시면 아무리 인간적인 노력을 기울인다 해도 이 위기에서 벗어날 수 없다는 사실을 깨닫게 되었습니다. 여호사밧은 자신이 나서려 했던 인간적인 노력을 포기했습니다. 그리고 하나님께 나아가 자신을 내맡기고 전적으로 그분만을 의지하기로 결정했습니다.

전쟁이 일어나면 해야 할 일들이 있습니다. 먼저 내 나라 안에 있는 여러 군대들을 동원할 수 있는 대로 최대한 동원하고, 또 비상사태를 선포해서 예비군까지 소집해서 모아야 합니다. 그래도 그 수가 부족하면 다른 나라의 도움을 청해서 지원을 받아야 합니다.

여호사밧 왕은 북쪽 이스라엘 왕국과 정략결혼을 통해 사돈을 맺었습니다. 즉, 동맹관계를 맺은 것입니다. 거기다가 손을 벌려서 군대를 좀 보내주시오, 도움을 요청할 수도 있었습니다. 그러나 여호사밧 왕은 이 전쟁, 이 위기는 하나님에게 달려 있지 인간의 손에 달려 있지 않음을 깨닫고는 인간적인 노력을 포기하고 하나님께만 전적으로 매달렸습니다.

여호사밧은 하나님 앞에 나아가 기도했습니다. 이 문제를 해결해 주시도록 하나님께 간구했습니다. 자신의 죄와 실수를 자백하고, 이 전쟁이 자기 스스로 자초한 것이기에 누구에게 원망도 책임도 전가하지 않고 자신을 낮추어 하나님 앞에 나아가 기도했습니다.

고난과 위기는 연약한 인간이 견디기에는 힘이 듭니다. 그러나 때로는 고난과 위기가 우리에게 유익이 됩니다. 이런 고난과 위기를 통해서 사람은 철이 들게 됩니다. 고난이 사람을 성숙하게 만들고 인생의 진정한 깊이를 더해 줍니다. 그전에는 인간의 능력으로 무엇이든지 할 수 있다는 생각에 철없이 나대던 모든 것들이 이제는 부끄러움으로 다가오고, 하나님 앞에서 인간의 한계를 깨닫는 순간 사람은 자기 자신을 깊이 돌아보게 됩니다. 그리하여 사람은 그 위기의 때에, 고난의 때에 하나님의 전능하심에 전적으로 의지하게 됩니다. 여호사밧 왕은 두려운 마음, 분노, 원망, 이 모든 것들을 내버리고 전적으로 하나님을 의지하여 기도하였습니다.

여호사밧은 기도하는 가운데에 이 문제는 국가적 중대 사항이므로 나 혼자 힘으로는 안 되겠으니 전국민을 모아 같이 합심하여 기도해서 하나님의 응답을 받겠다고 작정했습니다. 여호사밧은 곧 온 나라에 금식하며 기도할 것을 선포했습니다.

전쟁이 나면 비상사태를 선포하여 군인들을 모아 놓고 잘 먹인 후 전쟁에 참여하는 것이 기본적인 상식입니다. 그런데 선포된 비상사태는 '군인들 다 모여라.' 그게 아니고 '다 같이 모여서 기도하자'였습니다. 세상에 그것도 금식하라는 것입니다. 밥을 먹지 않으니 힘이 없으면 어떻게 전쟁을 합니까? 여기서 여호사밧은 인간의 노력이 아니라 하나님의 손을 믿었기 때문에 금식하며 기도하라고 선포했습니다.

금식기도는 나 자신을 포기하고 하나님께 결사적으로 매달린다는 것을 의미합니다. 음식의 공급을 끊는다는 것은 '내가 생명까지도 내놓고 하나님 앞에 매달리겠습니다.' 라는 뜻입니다. 금식기도는 전력투구해서, 전심전력으로 하나님께 기도하겠다는 것을 의미합니다. 음식을 먹지 않는다는 것 자체가 힘든 일이며 죽기를 각오하는 것이나 마찬가지입니다. 나 자신을 완전히 포기하고 하나님께 전적으로 매달리는 일이니 참으로 힘든 일이 아닐 수 없습니다.

예전에 있었던 일입니다. 한번은 제가 금식기도하는 중, 낮에 산에서 바위에 앉아 묵상을 하고 있었습니다. 소리가 나서 눈을 들어 나무 위를 올려다 보니 다람쥐보다 좀 크고 새까만 청설모 한 마리가 눈에 들어왔습니다. 그 청설모는 나무 위에 앉아 열심히 잣을 까고 있었습니다. 잣송이 하나 큰 것을 앞에 놓고 열심히 식사를 하는 것입니다. 그것을 물끄러미 쳐다보고 있자니 어느새 나도 모르게 입에 군침이 돌았습니다.

금식이란 이렇게 힘이 드는 일입니다. 성령께서 도와주지 아니하시면 금식은 어렵습니다. 자기를 포기하고, 자기 생명을 내놓고, 하나님께 전심전력으로 기도하는 것이 바로 금식기도입니다.

합심 기도

여호사밧 왕이 온 국민에게 금식기도를 선포하고 하나님께 긴급전화를 했습니다. 하나님께 모든 것을 내맡기고 그분의 도우심을 요청하며 기도를 한 것입니다. 비상사태를 선포하자 예루살렘 성전에 남녀노소 다 모여서 기도를 하였습니다. 전쟁은 보통 남자들만 나갑니다. 그러나 이 비상사태, 이 기도에는 남녀노소 막론하고 모두가 참여했습니다. '왕이 기도하는데 우리도 같이 참여해서 기도해야지, 왕 혼자만의 문제가 아니라 이 문제는 우리의 문제이다.' 하면서 온 국민이 다 같이 달라붙어 합심해서 기도했습니다.

우리 교회는 합심해서 기도할 수 있는 다양한 기도회가 있습니다. 새벽기도회라든지 수요기도회, 금요심야기도회, 기도학교, 또 중보기도실이 있어서, 늘 거기서 기도를 합니다. 그래서 기도회 때에는 위급한 기도제목이 있으면 그런 기도제목을 받아서 새벽기도회든지 수요기도회, 금요심야기도회에서 다 같이 앉아 합심해서 기도를 드립니다.

또 기도제목이 들어오면 중보기도실에서 그걸 받아서, 어느 때 기도제목이 들어와도 거기 계신 분들이 같이 합심해서 기도를 하십니다. 본당 들어오는 입구에 기도요청서 함이 있습니다. 기도요청서 양식에 적어서 함 속에다 넣으시면, 그것을 가져가서 중보기도실에서 그 기도제목을 놓고 기도를 드립니다. 공개적으로 기도하기를 원하는 사람은 기도회 시간에 다 같이 내놓고 합심해서 기도를 합니다.

미국에는 국가기도일이 있습니다. 그날에는 대통령과 여러 나라와 교회의 지도자들이 같이 모여서 나라를 위해서 기도하는 날입니다. 그런데 그분들만 모여서 기도하는 것이 아니라 그날은 각 교회, 각 기독교학교에서도 하나님께 기도를 합니다. 시간을 일정하게 정해 놓고 기도하는 곳도 있고, 그날을 기도하는 날로 잡아서 하루 종일 하는 곳도 있습니다.

저도 기독교학교를 다니다가 그런 기도회에 참여해 본적이 여러 번 있었습니다. 참 부러웠습니다. 우리 나라도 국가조찬기도회를 합니다. 그래서 대통령과 국가의 지도자들, 교회의 지도자들이 같이 모여서 기도회를 하는데, 그날 그분들만 기도하지 우리 나라 전체가 기도하는 것이 아니라서 자못 아쉬움이 남습니다. 바라기는 그 국가조찬기도회 그날에 각 교회들, 각 기독교학교들이 다 같이 같은 제목을 가지고 나라를 위해서 기도를 드린다면 얼마나 좋을까 하는 생각을 해 봅니다.

우리는 나라를 위해 기도해야 합니다. 경제적으로 지금 우리 나라는 큰 어려움에 직면해 있습니다. 이런 어려움은 하나님의 도우심이 아니면 해결할 수 없습니다. 우리가 함께 기도해야 할 제목입니다.

저는 이 말씀을 보면서 우리가 나라를 위해 다 같이 합심 기도하는 것이 약하다는 생각이 들어 우리 나라 전체가 기도하는 일이 있으면 좋겠다는 생각을 가져 보았습니다. 합심해서 기도할 때에 우리 하나님께서 그 기도를 들어 주실 줄 믿습니다.

유대에 있는 모든 백성들이 예루살렘 성전에 기도하러 모이자, 여호사밧 왕은 그 회중들 앞에 나서서 대표로 하나님께 기도했습니다. 하나님이 전능하신 분이시고 약속을 지키시는 신실한 분이심을 고백하면서 우리 인간들의 연약하기 짝이 없는 모습을 인정했습니다.

12절 말씀을 보면 "우리가 대적할 능력이 없고 어떻게 할 줄도 알지 못하고 오직 주만 바라보나이다." 고백하고 있습니다. 하나님만이 문제 해결을 할 수 있는 분임을 믿었습니다. 이 전쟁이 하나님의 손에 달려 있기 때문에 하나님만 바라봅니다, '하나님께서 이 전쟁을 지켜 주시고 승리케 하여 주시옵소서' 하며 여호사밧은 하나님만 바라보았습니다.

이 말씀을 통하여 위기나 고난이 닥쳤을 때, 우리 성도들이 해야 할 일이 무엇인지 분명히 알게 되었습니다. 위기와 고난이 닥칠 때 두려워한다든지, 분노한다든지, 원망한다든지, 이런 감정에 집착하는 것이 아니라 우리의 얼굴을 하나님께로 돌려 그분께 기도해야 합니다. 하나님을 전적으로 의지해서 기도해야 합니다. 하나님께서 도와 주시도록 긴급 구조 요청을 해야 합니다. 나 혼자만 기도하는 것이 아니라 모두 함께 합심해서 하나님께 기도를 드려야 합니다.

위기와 고난의 때에 인간적인 생각을 버리고 자기 자신을 의지하는 것이 아니라 하나님의 도우심을 간구하시기를 바랍니다. 긴급 구조 요청을 하십시오. 금식하며 집중적으로 전력투구해서 하나님께 기도하십시오. 의인의 기도는 효력이 있다고 하였습니다. 하나님께서는 자녀들의 음성에 귀를 기울이시는 아버지이시기에 합심해서 기도하시기 바랍니다.

이렇게 우리가 하나님께 기도하면 하나님께서 우리에게 은혜를 베풀어 주셔서 고난이 유익이 될 줄로 믿습니다. 우리들이 과거에 얼마나 고생했느냐는 중요하지 않습니다. 고난과 위기 중에 우리가 얼마나 하나님을 신뢰하고 기도했느냐 이것이 중요한 것입니다. 여호사밧 왕이 자신의 능력보다 하나님을 먼저 찾았던 것처럼 무릎으로 사는 진정한 기도의 사람들이 되시기를 기도합니다.

실패를 성공으로 바꾸는 기도

(여호수아 7장 6-13절)

옛날부터 전해 내려오는 병법에는 여러 가지가 있었습니다만 그런 전통과는 달리 하나님께서는 이스라엘 사람들에게 아주 괴상한 작전 명령을 내리셨습니다. 이스라엘 사람들이 광야에서 40년 동안 생활하다가 가나안 땅에 들어가게 됐는데, 제일 먼저 맞닥뜨린 장애물은 여리고라는 견고한 성이었습니다. 가나안 땅에 들어가기 위해서는 여리고 성을 먼저 정복해야 했습니다. 그런데 하나님께서는 아주 괴상한 작전 명령을 내리셨습니다. 여호와의 궤를 매고, 나팔을 불면서 군대가 하루에 한 바퀴씩 엿새 동안 돌 것이며, 일곱 번째 되는 날에는 일곱 번을 돌고, 나팔을 불며 소리를 지르라고 명령을 내리셨습니다.

군사작전에 대해서 잘 모르는 분이라 할지라도 적들이 높은 성 위에서 겨누고 있는 노출된 상태에서 성을 한 바퀴 돈다는 것이 얼마나 위험한 일인가는 가히 짐작하실 수 있을 것입니다. 그런데 여호수아와 이스라엘 백성들은 아무 이유를 달지 않고 그 말씀에 순종했습니다.

일곱째 날에 일곱 번 돌고, 나팔을 불고 소리를 지르니 성이 무너져버렸습니다. 하나님의 도우심으로 여리고 성은 쉽게 정복되었고 이스라엘 백성들은 큰 승리를 거두었습니다. 여호수아가 무슨 유능한 장군이기 때문에 그런 것이 아닙니다. 그렇다고 이스라엘 백성들이 강한 군사력을 가진 것도 아닙니다. 단지 그들이 한 것이란 하나님을 의지하고 순종한 것뿐이었습니다.

탐욕

이스라엘 백성은 하나님의 도우심으로 여리고 성을 손쉽게 정복했습니다. 하나님께서 이미 이스라엘 백성들에게 내리신 명령이 있었습니다. 그 성을 정복하게 되면, 그 성에 있는 모든 것들을 하나님께 바치라고 하셨습니다. 금과 은, 동, 철기구는 하나님께 바치고, 나머지는 모두 죽이고 불사르라고 하셨습니다. 구약시대에 농사를 지으면 첫 열매는 하나님께 바쳤습니다. 이 것은 내가 수확한 것을 모두 하나님께 드린다는 뜻입니다. 첫 열매를 하나님 앞에 바치면 남은 것은 모두 너희들 가지라고 하나님께서 주시는 것입니다. 다시 말해서 여리고 성을 하나님께 첫 열매로 바치면 가나안 땅에 있는 것은 모두 다 주겠다는 의미였습니다.

당시 가나안 땅에는 우상 숭배와 성적으로 타락한 문화가 널리 퍼져 있었 습니다. 그 더러운 문화를 통째로 없애 버려야 이스라엘 사람들이 물들지 않 겠다는 생각에 다 바치라고 하셨던 것입니다. 이스라엘 백성들은 모두 그 명 령에 순종하였습니다.

딱 한 사람만 빼고 말입니다. 광야에서 보지 못했던 금, 은, 보석들을 가나 안 땅에 들어와서 보게 되니까 그만 욕심이 생겼던 것입니다. 물질에 눈이 어두워졌고 그 유혹을 이기지 못해 그곳에 있던 물건을 훔쳤습니다. 이스라 엘의 죄에 하나님께서 진노하셨습니다. 명령에 순종하지 않은 그 한 사람 때 문에 진노하신 것입니다. 그래서 하나님께서는 이 백성이 순종하지 않아서 이스라엘과 함께하지 않겠다고 작정하셨습니다.

벌에는 여러 가지가 있겠지만 가장 큰 벌은 하나님께서 함께하시지 않는 것입니다. 하나님의 약속은 '내가 너희와 함께 하겠다' 는 축복의 약속이지만 진노는 '내가 너희와 함께 하지 않겠다. 내가 너희를 떠나겠다' 는 것입니다.

여리고 성은 저지대에 있는 성입니다. 이스라엘 백성들이 여리고 성을 정복한 뒤, 고지대에 있는 아이 성을 정복하기 위해 계획을 세웠습니다. 이스라엘 사람들이 여리고라는 강하고 견고한 성을 정복한 뒤 승리에 도취되어, 그 다음 아이 성을 정복하기 위하여 싸우러 갈 때는 하나님께 기도하지 않았습니다. 하나님 없이 자기들끼리 계획을 세워 나간 것입니다.

정탐꾼을 먼저 보냈습니다. 정탐을 하고 와서 그들이 보고하기를, 그 성은 작은 성이므로 군인 이삼천 명으로 충분히 승리를 거둘 수 있으리라고 전했습니다. 승리를 한 번 하고 난 뒤에 교만한 마음이 든 것입니다. 그래서 하나님께 기도도 하지 아니하고, 하나님을 의지하지도 아니하고, 적을 과소평가하고 싸우러 나갔습니다.

패배

하나님을 의지하지 않고 한 3천 명의 군사들이 전쟁에 임했습니다. 당연히 결과는 이스라엘의 패배였습니다. 이 전쟁에서 36명이 죽고 나머지 군사들은 도망을 하였습니다.

우리가 하나님의 능력을 의지한다는 것은 어느 한 순간만을 의지하는 것이 아니라 매일 매일 우리가 살아가면서 늘 의지함을 말합니다. 그러나 이스라엘 백성들은 승리한 후에 자신들의 힘만을 믿고 전쟁에 임했다가 완전히 패배하였습니다. 전쟁에서 패배하자 백성들의 사기는 땅에 떨어졌습니다. 본문에 보면 "백성의 마음이 녹아 물같이 되었다"고 했습니다. 갑자기 하나님의 도우심이 없어지자 불안과 공포가 그들에게 찾아왔습니다.

저는 이 여호수아서 6, 7장을 읽으면서 우리 나라의 상황과 너무나 비슷하다고 생각했습니다. 우리 나라는 1960년, 70년대를 거치면서 경제적인 번영을 이루었습니다. 그렇지만 이 놀라운 발전에도 이 경제 발전에 대해 딱히 설명할 만한 요인을 찾을 수 없었습니다. 그렇다고 우리 나라는 지하자원이 많은 것도 아닙니다.

어떤 사람은 우리 나라가 인적자원이 훌륭해서 경제성장을 이루었다고도 합니다. 그러나 제가 볼 때에는 우리 한국 사람들에게는 굉장히 부지런한 면이 있긴 하지만, 서양 사람들에 비해서 악착같은 면은 약합니다. 그리고 우리 나라 사람들은 대체로 정직하지 않습니다. 웬만하면 얼렁뚱땅 넘어가려는 심리가 국민 정서 저변에 깔려있습니다. 지금 우리가 어려움을 겪는 것도 정직한 면이 부족하기 때문입니다. 무슨 일을 하면 끝마무리를 제대로 하지 못합니다. 그래서 무슨 물건을 만들더라도 큰 덩치를 보면 그럴 듯한데, 하나하나 들어가 보면 제대로 손질이 된 것이 없습니다. 우리가 얻은 경제적인 번영은 사람들이 훌륭해서도 아니고, 지하자원이 풍부해서 된 것도 아닙니다. 우리가 가진 경제적 번영은 하나님께서 우리에게 주신 은혜요 축복입니다.

서양에서 오랫동안 공부하신 제가 아는 경제학자 한 분이 계시는데 그분이 말씀하시기를 한국 경제를 아무리 따져 봐도 잘 굴러 갈 경제가 아닌데도 잘 굴러 가는 것이 이상하다고 합니다. 그분이 한국에 와서 교회도 가보고, 기도원도 가보니까 곳곳마다 사람들이 모여서 나라와 민족을 위해 기도하는 모습을 보고 나서야 하나님께서 이 국가를 도와주셨구나 라는 결론을 내렸다고 합니다. 하나님께서 은혜와 축복을 우리에게 주신 것입니다.

그렇지만 우리들은 그렇게 하나님께서 주신 은혜와 축복을 제대로 사용하지 못하고 남용하였습니다. 바람직하지 않은 곳에 물질을 사용한 것입니다.

분배를 잘 하지 못했기 때문에 우리 나라의 경제의 부가 한 쪽으로만 쏠렸고, 복지정책도 부에 비해 소홀했습니다. 또한 물질을 타락하고 퇴폐한 곳에 사용하였습니다. 경제가 발전하는 속도보다 향락문화, 퇴폐문화의 발전 속도가 훨씬 더 빨랐습니다.

여기에 예수 믿는 사람들도 마찬가지로 사회풍조에 휩쓸렸습니다. 경제가 좋아지자 사람들은 어느새 교만하게 되어 하나님을 의지하지 않게 되었습니다. 그래서 예전에는 늘 모여 기도하던 교회가 1980년대 후반부터 점점 모이기를 소홀히 하고, 기도하기를 게을리 하게 되었습니다. 휴일이 되면 고속도로는 만원인데 교회는 점점 비는 일들이 일어났습니다. 모여서 하나님 앞에 기도하고 예배드리는 일들이 점점 약해지게 되었습니다. 그래서 1990년대에 들어서면서 교회 성장이 점점 정체되고 침체되어 갔습니다. 교회가 점점 제도화되면서 교회 지도자들은 귀족화되었고, 성도들도 세속화되어 교회는 서서히 세상 속에 말려 들어가게 된 것입니다.

급기야 1997년에 들어 경제적인 위기, 금융위기가 닥쳐왔습니다. 우리가 그렇게 자랑해 오던 것이 거품이었다는 것이 여실히 드러나게 된 것입니다. 경제 문제로 불안감이 조성되자 사람들 마음속에 패배의식이 자리 잡게 되고 좌절하는 사람들이 늘어났습니다. 돌이켜보면 우리가 너무 자만했습니다. 하나님 앞에서도, 세계 여러 나라 사람들 앞에서도 자만했습니다. 하나님 앞에서 불순종하였고, 하나님께 예배드리기를 게을리 하였으며, 하나님을 의지하지 않은 결과로 이 위기를 맞이하게 된 것입니다.

회개

이스라엘에 위기가 닥쳐오자 이스라엘의 지도자들은 엎드려 기도했습니다. 여호수아는 옷을 찢고 이스라엘 장로들과 함께 여호와의 궤 앞에서 땅에 엎드려 머리의 티끌을 무릅쓰고 기도했습니다. 여호수아, 장로들, 그 백성의 지도자들 모두가 하나님 앞에 엎드려 기도드렸습니다. '왜 패배를 했는지, 왜 위기가 왔는지 우리는 잘 알지 못하지만 하나님 우리에게 알려 주시옵소서, 계시해 주시옵소서.' 하며 땅에 엎드려 하나님의 응답을 기다렸습니다.

하나님 앞에서 땅에 엎드려 기도했다는 것은 기초부터 다시 세우겠다는 의미로, 여리고 성의 승리로 인한 교만을 버리고 하나님 앞에 겸손하게 다시 시작하겠다는 뜻입니다. 하나님 앞에 엎드려서 종일토록 기도하고 있는데 하나님께서 저녁나절에 기도하는 그들에게 말씀하셨습니다. "사실은 너희 중 한 사람이 하나님께 바치는 재물을 도적질했다. 하나님 앞에 바친 것을 도적질했기 때문에 그 대신 너희들 자신을 하나님 앞에 바친 격이 된 것이 다. 그렇기 때문에 바친 물건, 도적질한 것, 탐욕, 불순종, 그 모든 것들을 없 애야 내가 너희와 함께 하겠다."고 말씀하셨습니다.

그래서 7장 13절 말씀을 보면, "너희는 스스로 거룩하게 하여 내일을 기다 리라."라고 말씀하셨습니다. 탐욕, 불순종, 거짓, 도둑질, 이 모든 것을 다 버 려 너희를 거룩하게 하고 하나님 앞에 나오라는 말씀입니다. 하나님은 거룩 하시기에 우리가 거룩하지 않으면 하나님과 사귈 수 없습니다. 우리 자신을 깨끗이 해야 하나님께서 우리와 함께 계시고, 하나님께서 우리와 함께 계셔 야 적군을 이길 수 있는 것입니다.

여호수아가 아침 일찍 일어나 이스라엘 백성을 모아놓고 제비뽑기를 했습 니다. 지파별로 거르고 가족별로 걸러서 최후에 아간이라는 사람을 찾아냈 습니다. 그러나 그는 회개하고 자복하고자 하는 마음이 없었습니다. 이스라 엘 백성들은 그의 자백에 따라 그가 훔친 물건들을 찾아내어 불사르고 사람 을 처형시킴으로써 거룩하게 되었습니다.

승리

우리가 겸손하게 하나님 앞에 엎드려 기도하고, 전적으로 하나님 앞에 의지하게 될 때 하나님께서 우리와 함께 하십니다. 이스라엘 사람들이 성결하고, 하나님께 의지하니까 하나님께서 다시 약속을 주셨습니다. 여호수아 8장 1절에 이렇게 말씀하십니다.

> 여호와께서 여호수아에게 이르시되, 두려워 말라. 놀라지 말라. 군사를 다 거느리고 일어나 아이로 올라가라. 보라, 내가 아이 왕과 그 백성과 그 성읍과 그 땅을 다 네 손에 주었나니

처음에 여호수아가 젊은 시절, 12지파의 대표로서 가나안을 정탐하러 갈 때, 모세가 여호수아에게 "놀라지 말라, 두려워 말라, 담대하라"고 말했습니다. 모세가 세상을 떠나면서 여호수아에게 자기 지도권을 넘겨주면서 "놀라지 말라, 두려워 말라, 담대하라"고 말했습니다. 모세가 죽고 나서 여호수아가 이스라엘 전체 지도권을 가지고 백성을 이끌고 나갈 때, 하나님께서 여호수아에게 "두려워 말라, 놀라지 말라, 담대하라, 일어서라"고 말씀하셨습니다.

그런데 하나님께서 주셨던 그 약속, 그 확신이 지금 이 순간에 다시 하나님으로부터 주어진 것입니다. 자기 자신들을 성결케 하고 깨끗케 하고 나니까 실패했지만 하나님께서 그에게 일어나라, 담대하라고 그에게 약속을 주셨습니다. 하나님께로부터 이 약속을 받고나니까 아이 성은 문제가 아니었습니다. 한 번 패배했지만 다시 일어나 승리를 거두었습니다. 이스라엘 백성들이 변화된 새 마음을 가짐으로 가나안 전체를 정복하는 놀라운 역사가 일

어난 것입니다. 이스라엘 백성들이 가나안 땅을 차지할 수 있었던 것은 그들이 실패했을 때에, 위기가 닥쳤을 때에, 하나님 앞에 엎드려 기도하고 다시 일어났기 때문입니다.

우리 나라는 어떻습니까? 하나님의 은혜와 축복으로 우리가 경제적인 번영을 누릴 수 있었습니다. 그렇지만 우리는 탐욕과 교만으로 하나님을 의지하지 않고 하나님을 떠났습니다. 그 결과 경제적인 위기가 우리에게 닥쳐왔습니다. 많은 사람들이 불안해하고 좌절했습니다. 그렇다고 우리가 여기서 마냥 좌절만 해야 합니까? 다시 일어나야 합니다. 어떻게 다시 일어날 수 있습니까? 기초부터 다시 세워야 합니다. 주님 앞에 나아와 엎드려 자복하고 다시 시작해야 합니다. 교만과 욕심을 내버리고, 하나님 앞에 겸손히 엎드려 그분을 의지함으로 다시 시작해야 합니다. 그러면 하나님께서 우리에게 "두려워 말라. 놀라지 말라. 일어나라. 이 땅을 네 손에 다 주었다."라는 약속을 주실 것입니다.

지금 넘어졌습니까? 무릎을 세워 다시 일어나시기 바랍니다. 성도는 믿음으로 다시 회복해야 합니다. 하나님 앞에 엎드려 모든 죄를 자복하고 기초부터 다시 시작해야 합니다. 엎드려 기도할 때, 하나님께서 우리를 다시 일으켜 세우실 것입니다. 하나님께서는 교만한 자를 멀리 하십니다. 하나님께서는 겸손한 자의 무릎을 세우실 것입니다. 하나님께 엎드리면 일으켜 세우시고 소망을 주시며, 앞으로 나아가도록 힘을 주실 것입니다.

늦어진 기도 응답
(다니엘 10장 1-12절)

다니엘의 기도

오랫동안의 서럽고 고달픈 포로생활이 다 끝났습니다. 그래서 이스라엘 사람들이 자기 고향으로, 즉 하나님으로부터 받은 약속의 땅으로 돌아갔습니다. 그리고는 예루살렘 성도 새롭게 건축하고, 성전도 새롭게 재건했습니다. 기쁨 가운데 나라를 다시 세우고 민족 공동체를 다시 세웠습니다. 자유가 넘치는 삶, 희망이 넘치는 그런 삶이었습니다. 다니엘은 이미 늙어 자기 형제들과 같이 고국으로 돌아가지는 못했습니다. 그는 이미 먼 여행을 감당해낼 그런 나이가 아니었습니다. 조국에 가지는 못했지만, 포로된 곳에 남아서 기도로 지원했습니다. 다니엘은 기도의 용사였습니다. 일생을 살아가면서 이스라엘 자기 민족을 위해서 참으로 많은 기도를 했습니다.

자기 나라와 자기 동포들을 위해 기도하고 있던 중, 하루는 큰 전쟁에 관한 환상을 보았습니다. 다니엘은 깜짝 놀랐습니다. 지금 우리 민족이 약속의 땅에 돌아가서 나라를 다시 세우기 위해 열심히 동분서주하고 있는데, 큰 전쟁이 다시 일어난다면 나라가 또 망한단 말인가? 또 우리 동포들이 다시 흩어져야 한단 말인가? 자기 민족의 앞날이 너무 절망적인 환상이었기에 다니엘은 말할 수 없이 슬펐습니다.

다니엘은 일생 동안 많은 환상들을 보았습니다. 그는 다른 사람이 꾼 꿈도 잘 해석해 주었습니다. 그렇지만 지금 자기가 본 환상은 분명 큰 전쟁에 관한 환상이었건만 구체적인 내용은 알 수가 없었습니다. 다니엘은 답답하여 하나님께 기도하기로 작정하였습니다. 보여주신 환상의 내용을 좀 더 구체적으로 알기 위해서 하나님 앞에 기도했습니다. 자기 민족의 앞날이 결코 쉽지 않다는 것을 감지하고 암담한 미래를 슬퍼하면서 하나님께 기도를 드렸습니다.

하나님 앞에서 기도드릴 때 다니엘은 마음이 간절하고 절박했으므로 좋은 떡과 고기와 포도주가 눈에 들어오지 않았습니다. 금식기도해야 하므로 다니엘은 머리나 몸에 기름도 바르지 않았습니다. 다니엘이 절제하면서 하나님 앞에 기도했다는 것은 하나님 앞에서 자신의 죄와 자신의 존재를 온몸으로 보이면서 기도했다는 것을 의미합니다.

하나님 앞에 겸손히 기도하고자 하는 사람은 자연스럽게 모든 것을 절제합니다. 기도할 때 가장 중요한 것은 하나님 앞에 겸손한 자세입니다. 하나님 앞에서 "하나님, 나는 무익하고 연약한 존재입니다. 나는 죄인입니다. 내가 할 수 있는 일은 하나도 없습니다. 하나님, 이 순간 나를 불쌍히 여겨 주시옵소서. 하나님, 긍휼히 여겨 주시옵소서. 하나님의 처분만 기다립니다." 하나님 앞에서 간절한 심령으로 그분을 의지하고 기도하는 자세, 이것이 우리가 가져야 할 가장 중요한 자세입니다.

하나님 앞에서 겸손하게 기도드리고자 할 때 자연스럽게 따라오는 것이 바로 절제입니다. 먹고 싶은 것 다 먹으면서 하나님 앞에 겸손히 기도한다는 것은 이치에 맞지 않습니다. 치장할 것 다 하고 멋 부리면서 하나님 앞에 겸손히 기도한다는 것은 성도에게 어울리지 않습니다. 그래서 하나님 앞에 겸손히 기도하다 보면, 자연스럽게 절제하게 되고 금식도 하게 됩니다.

지연되는 응답

　다니엘은 모든 것을 절제하고 하나님 앞에 겸손하게 엎드려 간절히 기도 드렸습니다. 하나님만 바라보면서 불쌍히 여기시기를 간구하였습니다. 하루, 이틀, 삼일, 이렇게 시간은 자꾸 흘러가는데 기도의 응답은 없었습니다. 그러다가 21일 만에 하나님의 천사가 다니엘에게 나타났습니다. 그날은 다른 사람들과 함께 강가에 있었던 날입니다. 아마 함께 모여서 기도집회를 했던 날이었는지 모릅니다. 다니엘 앞에 나타난 하나님의 천사의 모습은 너무나 찬란하고 영광스러웠습니다. 죄인인 인간이 하나님의 영광의 한 자락을 본다는 것은 두려운 일입니다. 하나님의 천사가 영광스러운 모습으로 나타나자 다른 사람들은 무서워하며, 차마 바로 보지 못하고 도망가 숨어버렸습니다. 다니엘도 너무나도 무서워서 온몸에 힘이 다 빠져버렸습니다. 그 두려움에 다니엘은 완전히 탈진해서 땅에 쓰러져 정신을 잃고 말았습니다.

　천사가 어루만지고 격려하자 다니엘은 떨면서 일어나 천사를 바라보았습니다. 그리고 천사가 이야기하는 설명을 들었습니다.

　"내가 21일 전에 너, 다니엘이 하나님 앞에 겸비하여 간절하게 기도한 첫날에 이미, 하나님은 기도를 들으셨다. 그리고는 네가 기도하는 내용에 대해 응답하시고, 환상에 자세히 가르쳐 주도록 나를 보내신 것이다. 그런데 내가 오다가 사탄의 방해를 받았다. 사탄이 가로막아서 21일 동안이나 납치된 상태에 있었다."

　편지를 배달하는 집배원, 우편배달부가 배달 가는 중간에 납치가 되어서 우편물 배달 사고가 생긴 것입니다. "이렇게 잡혀서 21일 동안 있는 중에 하나님께서 다른 천사장 중 하나인 미가엘을 보내셔서, 그 미가엘이 사탄을 대신 막아 주고, 싸우고 있는 동안에 나는 빠져 나와서 너한테 올 수 있었다. 환상의 내용을 설명해 주겠다." 이렇게 이야기를 하였습니다. 21일 동안 응답이 없었는데, 그 기간에 천사와 사탄이 영적 전쟁을 힘겹게 치르고 있었습니다. 다니엘은 그런 사정을 알지 못한 채, 기도만 하고 있었던 것입니다.

천사는 영적 세계와 자연 세계를 자유롭게 넘나듭니다. 하나님과 인간의 중개자 역할을 하고, 인간보다 더 큰 초인적인 능력을 갖고 있는 영적 존재가 천사입니다. 어떤 사람들은 천사의 능력에 매료되어 천사를 숭배하기도 합니다. 그러나 천사숭배를 책망하는 말씀을 성경 곳곳에서 발견합니다.

천사가 이렇게 영적 능력을 가진 존재이지만, 성경을 보면 천사의 역할이 분명하게 드러나 있습니다. 히브리서 1장 14절 말씀을 보면, 천사는 성도들을 섬기는 영적인 존재입니다. 또 천사는 경건한 자를 보호합니다. 천사는 숭배의 대상이 아니라 성도가 어려움에 처할 때 그 성도들을 붙들어 주기 위해 하나님께서 보내신 존재입니다.

그리고 타락한 그룹인 사탄이 있습니다. 사탄도 역시 영적인 세계와 자연 세계를 자유롭게 넘나들고 초인적인 능력을 가지고 있습니다. 사탄은 어떻게 하든지 성도를 유혹하고 시험하여 넘어뜨리려고 온갖 애를 쓰는 영적 존재입니다. 천사는 성도를 세워 주지만, 사탄은 성도들을 쓰러뜨리는 것이 본래 임무입니다. 그래서 베드로전서 5장 8절 말씀을 보면, "사탄은 마치 우는 사자와 같이 두루 다니며 삼킬 자를 찾아다닌다"고 말씀하고 있습니다. 성도들에게 있어서 가장 강력하고 위협적인 존재입니다.

이 세상에는 사탄 숭배자들이 있습니다. 사탄이 여러 가지 능력이 있는 것은 사실이지만, 그러나 하나님께서는 사탄의 능력을 제한해 놓으셨습니다. 그래서 성도들이 개인적으로 인간적으로 사탄에 대항하려 하면 능력에 있어서 뒤지지만, 그러나 우리가 하나님께 철저히 의지한다면 사탄은 아무

힘도 발휘하지 못합니다. 이는 예수 그리스도의 능력이 우리 안에 있기 때문입니다.

천사와 사탄이 이렇게 영적 전쟁을 하고 있었습니다. 천사는 하나님의 응답을 가지고 다니엘에게로 빨리 가려고 하는데 사탄이 가로막자 하나님께서 또 다른 천사를 보내셨습니다. 그 천사가 와서 사탄에 대항하자 본래의 임무를 가진 천사가 다니엘에게 와서 하나님의 응답을 전해 준 것입니다. 다니엘은 지금 무슨 일이 벌어지는지 모르지만 기도하는 동안에 하나님께서 은혜로 그를 도우셨습니다.

때때로 우리는 삶에서 하나님의 은혜가 표면적으로 드러남으로 인해 우리가 충분히 그 은혜를 인지하는 경우가 있습니다. 그러나 하나님의 은혜가 감추어져 있는 경우가 더 많아서 우리가 그것을 쉽게 알 수는 없습니다.

우리가 하나님의 은혜를 의식하지 못하는 동안에도 하나님은 쉬지 않고 우리 성도들을 도우시고, 돌보시고, 일하고 계십니다. 우리가 알지 못하는 동안에도 하나님은 일하고 계시다는 사실을 믿으시기 바랍니다.

응답

이렇게 기도 응답이 늦어지고 있는 동안에도 다니엘은 계속해서 기도했습니다. 간절하게 기도를 했습니다. 사탄의 전략은 무엇이었을까요? 사탄의 전략은 하나님의 천사가 다니엘에게 갈 때, 그 천사를 가로막고 시간을 끌다 보면 다니엘이 기다리다 지쳐 기도를 포기하도록 만드는 것이었습니다. 응답 받지 못하게 하여 다니엘을 낙심시키는 것이 사탄의 전략이었습니다.

그러나 다니엘은 사탄의 전략에 넘어가지 않았습니다. 다니엘은 기도의 사람이었습니다. 결코 포기하지 않고 응답될 때까지 하나님 앞에 계속 자기를 쳐서 겸손하게 기도를 했습니다. 기도의 가장 큰 함정과 유혹이 있다면 그것은 낙심하고 포기하는 것입니다. 기도하다가 응답이 안 되니까 '아, 이제는 응답이 안 되는가 보다. 그만두자.' 포기하는 그것이 가장 큰 유혹과 함정입니다. 특히 금식기도는 오랜 기간 동안 인내하기가 쉽지가 않습니다. 그렇기 때문에 기도 응답이 빨리 안 되면 포기하고 마는 것입니다.

기도 응답이 늦어지는 경우에 대해서 예수님께서 누가복음 18장 1절에서 말씀하시기를 "항상 기도하고 낙망하지 말라"고 하십니다. 우리 사람들은 기도 응답이 왜 늦어지는지, 어떻게 하면 빨리 응답을 받을 수 있는지, 그런 방법을 모릅니다. 모든 것들을 아시고 해결하시는 분은 우리 하나님이십니다. 그렇기 때문에 우리 기도하는 사람들은 포기하지 말고, 낙심하지 말고, 계속 기도에 힘써야 합니다. 기도 응답이 빨리 되든지 늦게 되든지 그것은 하나님께서 하실 일입니다. 우리가 해야 할 일은 단지 낙심하지 않고 포기하지 않고 기도하는 것입니다.

기도의 능력을 가진 조지 뮬러라는 분이 있습니다. 조지 뮬러는 고아원을 경영하면서 많은 고아들을 양육한 분이신데, 그렇다고 고아원을 운영하는 데 있어서 자금이 넉넉해서 한 것이 아니었습니다. 그분은 그냥 기도만 하였습니다. '하나님, 먹을 게 없습니다, 하나님 쌀이 떨어졌습니다.' 무조건 기도하면 하나님이 채워 주셨습니다. 조지 뮬러는 일생 동안 주의 일을 하면서 너무나 많은 기도 응답을 받은 것으로 유명합니다.

조지 뮬러가 자기 친구들 다섯 명을 위해서 기도했습니다. '저 친구들이 예수 믿게 하여 주시옵소서.' 세월이 흘러가면서 한 사람 두 사람 예수를 믿게 되었는데, 다섯 명 중 두 명은 끝까지 예수를 믿지 않았습니다. 그래도 그 사람들을 위해서 계속해서 기도했습니다. 기도하고 기도하기를 52년이란 세월 동안 자기 친구를 전도하기 위하여 한 것입니다. 두 명 중에 마지막 한 명은 조지 뮬러가 세상을 떠나기 전에 회개하고 예수님을 믿었습니다. 그리고 얼마 후 조지 뮬러는 세상을 떠났습니다. 한 명은 끝내 예수님을 믿지 않았습니다. 그런데 조지 뮬러가 세상을 떠난 다음에 그 친구가 다른 사람들로부터 "당신을 위해서 조지 뮬러가 52년 동안 기도했소."라는 말을 들었습니다. 그 말을 듣고는 마지막 한 친구도 회개하고 예수님을 영접하였습니다. 낙심하지 아니하고 계속해서 드렸던 기도의 결실이었습니다.

다니엘은 기도 응답을 기다렸습니다. 절제하면서 끈기 있게 기도했더니 마침내 기도의 응답을 받았습니다. 천사가 드디어 기도의 응답을 가지고 나온 것입니다. 그리고 앞으로 일어날 전쟁의 내용을 구체적으로 하나하나 설명해 주었습니다. 다니엘은 많은 환상과 계시를 본 사람입니다. 다니엘이 본 환상, 천사로부터 들은 그 환상은 오랫동안 후대의 역사가 되었습니다.

그런데 다니엘이 본 전쟁에 관한 환상은 이스라엘에 강력한 영향을 주는 주변 열강들의 역사였습니다. 페르시아라는 나라가 일어났다가 망하는 이야기, 헬라라는 나라가 일어났다가 망하는 이야기, 그 나라가 네 갈래로 갈라지는 이야기, 이런 역사를 들은 것입니다. 다니엘은 기도의 사람이었고 겸손한 사람이었습니다. 그는 포기를 모르는 끈기로 하나님으로부터 자기 민족에 대한 환상을 응답받은 것입니다.

우리는 정말 다니엘처럼 끈기 있게, 응답을 받을 때까지 기도해 보았는지 우리의 신앙을 되돌아보아야 합니다. 우리는 이런저런 많은 것들을 하나님께 기도로 올려 드립니다. 응답받는 시기는 사람마다 다를 수 있습니다. 혹 어떤 분들은 아직 기도의 응답을 못 받으셨을지 모릅니다. 열심히 기도했는데 응답을 못 받았다고 낙심하지 마시기를 바랍니다. 기도 응답이 늦어지고 있다고 기도를 포기하지 마시기를 바랍니다. 우리가 알지 못하는 동안에도 하나님께서는 일하고 계시다는 사실을 믿으시기 바랍니다. 하나님께서 우리에게 은혜를 베푸시고 응답해 주실 것을 믿고, 기대하면서 항상 힘써 기도하시기 바랍니다. 하나님께서는 반드시 응답해 주십니다.

제5장

광야를 지나

염려를 극복하는 비결
(마태복음 6장 25-34절)

요즘 세상사를 돌아보면 사람들은 건강에 관심들이 꽤나 많은 것 같습니다. 매스컴에서도 건강에 관한 프로그램들을 많이 하고, 건강 관련 상품들이 연이어 쏟아져 나옵니다. 건강에 관한 것도 유행이 있는가 봅니다. 한동안에는 마늘 먹으면 좋다고 하더니, 어느 때부터인가 비타민 C가 좋다고 해서 사람들마다 비타민 C를 들고 다니시는 모습이 쉽게 눈에 띄었습니다.

그러다가 사람들이 반신욕이 좋다고 해서 반신욕이 한동안 유행하더니, 요즘엔 또 족욕이 유행입니다. 적당히 먹고 운동하면 건강에 좋다고 하는데, 그렇게 하기가 쉽지 않으니까 다른 방법들을 찾아 건강을 지키려고 애쓰는 것 같습니다.

어떤 사람은 건강보조식품은 갖고 다니면서 식후에 한주먹씩 드십니다. 어떤 분은 냉장고 안에 보약을 종류별로 넣어 놓고 때마다 드시기도 합니다. 건강에 대한 관심이 도를 넘어서 건강에 대해 염려로까지 가는 것이 아닌가 하는 생각이 듭니다. 건강에 대해 염려한다는 것은 최악의 상황을 상상하면서 실제로 병에 걸리지도 않았는데도 병에 대해서 과도하게 생각하는 것을 말합니다.

주님께서는 사람들에게 염려하지 말라고 여러 번 반복해서 명령하십니다. "염려하지 말라"는 우리 주님께서 반복해서 말씀하신 주제입니다. 사도 바울도 "아무 것도 염려하지 말고 오직 모든 일에 기도와 간구로 너희 구할 것을 감사함으로 하나님께 아뢰라(빌 4:6)."라고 명령합니다. 사도 베드로도 "너희 염려를 다 주께 맡겨 버리라. 이는 저가 너희를 권고하심이니라(벧전 5:7)." 말씀하고 있습니다.

이런 권고는 성경 여러 곳에서 자주 반복되는 명령입니다. 사도 베드로는 베드로전서 5장 7절에 "너희 염려를 다 주께 맡기라."라고 말씀하시면서 이어 8절에 "근신하라. 깨어라. 너희 대적 마귀가 우는 사자 같이 두루 다니며 삼킬 자를 찾나니 너희는 믿음을 굳게 하여 그를 대적하라."라고 하십니다. 사탄이 우리를 무너뜨리기 위해서 염려케 한다는 말씀입니다.

염려란 마음을 분열시키고 나누는 특징을 가지고 있습니다. 집중하지 못하고 생각이 자꾸 흩어져서 불안과 두려움이 찾아오는 것입니다. 사탄의 전략은 단 하나입니다. 우리로 하여금 하나님께 마음을 두지 못하게, 하나님께 마음을 집중하지 못하게 하는 것입니다. 나 자신에게 집중하고 나를 높이려는 명예욕에 사로잡히게 합니다. 구제와 기도와 금식을 하면서도 하나님이 아니라 나 자신에게 집중하도록 합니다. 그리고 재물이나 지식이나 재능 같은 소유에 집착하게 만듭니다. 이렇게 사탄은 하나님께 집중하지 못하도록 하기 위해 그가 할 수 있는 한 모든 수단과 방법을 가리지 않습니다.

우리의 몸도 그렇습니다. 우리 사람의 몸을 바이러스가 공격하여 몸을 쓰러뜨립니다. 죽고 나면 그 몸을 벌레가 먹어 해체합니다. 집도 마찬가지입니다. 습기 차고 먼지가 많은 곳에 벌레가 서식합니다. 장롱 밑이나 침대 밑,

싱크대 밑에 곰팡이나 진드기, 바퀴벌레가 서식하면서 우리의 건강을 해칩니다. 우리가 하나님께 집중하지 않고 물질이나 나 자신에게 집중하기 시작하면, 염려라는 벌레가 서식하고 번식하여 우리 마음과 영혼을 해칩니다. 뿐만 아니라 우리의 몸을 병들게 만듭니다. 사실 염려는 우리 영혼과 마음만을 해치는 것이 아니라 나중에는 우리 육신까지 해치게 합니다.

대부분의 경우 우리는 미래의 일을 염려합니다. 여기 말씀에도 우리가 주로 미래의 일에 염려한다고 말씀합니다. 특별히 34절 말씀에는 내일을 위해 염려하지 말라고 하십니다. 우리의 염려의 대부분이 미래에 일어날 일들을 미리 앞당겨서 하는 것입니다. 미래에 일어날 최악의 상황을 미리 상상하면서 염려합니다. 고등학생은 대학진학을 염려하고, 대학생은 취업을 염려합니다. 직장인은 퇴직을 염려하고, 노후를 염려합니다. 환경론자들은 미래의 기후와 오염을 염려하고, 미래의 석유 부족과 물 부족을 염려합니다.

그런데 재미있는 것은 내일, 즉 미래의 시간은 인간의 영역이 아니라 하나님의 영역이라는 것입니다. 하나님께서는 단지 오늘이라는 시간을 우리에게 주셨을 뿐입니다. 우리에게 할당된 시간은 오직 오늘밖에 없습니다. 우리는 단지 오늘이란 시간 속에서 최선을 다해 살아가야 합니다. 오늘 우리가 최선을 다해 살아간다면, 그것이 미래에 대한 준비가 되는 것입니다. 오늘을 충실하게 보낸다면, 우리 하나님께서 내일이라는 시간을 책임져 주십니다.

또한 27절 말씀에는 염려는 무익한 것이라고 말씀합니다. 우리 주님은 염려함으로 그 키를 한 자나 크게 할 수 없다고 말씀하십니다. 우리가 염려한다고 키가 커지는 것이 아닙니다. 염려한다고 소유가 늘어나는 것이 아닙니다. 염려한다고 병이 낫는 것이 아니며 생명이 연장되는 것도 아닙니다. 염려는 긍정적인 변화가 아니라 오히려 부정적인 변화만 가져올 뿐입니다. 염려하면 대인관계가 나빠지고, 활동이 위축되는 일만 일어날 뿐입니다. 염려는 우리에게 무익할 뿐만 아니라 엄청난 해를 가져다줍니다.

조엘 오스틴(Joel Osteen)의 『긍정의 힘』에 이런 예화가 있습니다. 어떤 사람이 철도회사에서 일을 합니다. 성실하고 열심히 일하고, 동료들과의 관계도 좋은 사람입니다. 그런데 단점이 하나 있다면, 그분은 늘 부정적인 생각을 갖고 있습니다. 언제나 최악의 상황을 상상하면서 염려하고 두려워합니다. 언제 내게 불행이 닥쳐올지 늘 상상하는 사람이었습니다. 어느 날, 퇴근시간이 다 된 무렵에 빈 냉동열차 안에서 일하다가 그만 문이 닫혀 버렸습니다. 안에서는 열지 못하고 밖에서 열어야 하는데, 문이 그만 닫혀 버린 것입니다. 아무리 소리치고 문을 두드려도 사람들이 모두 퇴근하고 난 후라 그를 도우러 오는 사람이 없었습니다.

그는 그 냉동열차에 혼자 갇혀서 염려하기 시작했습니다. '냉동열차에 갇혔으니까 여기서 얼어 죽고 말겠구나. 밤새 견딜 수가 없을 거야. 이 냉동열차 안에 내가 갇혔는데, 점점 산소가 희박해져서 숨을 쉴 수가 없을 거야.' 라고 점점 최악의 상황만을 생각했습니다. 그런 생각을 하면 할수록 더욱 춥고 숨이 가빠졌습니다. 구석에 있는 낡은 마분지에다가 자기가 겪고 있는 상황들을 적었습니다. '너무 춥다. 점점 몸이 마비된다. 빨리 나가지 않으면 나의 마지막이 될지도 몰라.'

아침에 동료들이 출근해서 열차들을 점검하다가 냉동열차를 열어보니까 한쪽 구석에 웅크린 채로 죽어 있는 그를 발견했습니다. 원인을 알기 위해서 부검을 해 보았더니 요인은 동사였습니다. 아이러니하게도 그 냉동열차에 전원이 켜 있지 않았었고 특별히 추웠던 열차가 아니었습니다. 최악의 상황을 상상하며 두려워하다 보니까 마음이 얼어붙고 몸도 얼어붙어 결국 죽게 된 것입니다. 이처럼 염려는 사람에게 무익하고 해로운 것입니다. 염려는 사

탄이 우리의 마음을 흐트러지게 하고 하나님께 집중하지 못하게 하는 전략
중 하나입니다.

염려를 극복하는 비결

염려는 믿음으로 극복할 수 있습니다. 예수님께서 염려를 극복하는 비결
을 본문에서 말씀하고 계십니다. 첫 번째는 믿음으로 염려를 극복할 수 있습
니다. 30절 말씀에 "오늘 있다가 내일 아궁이에 던지우는 들풀도 하나님이
이렇게 입히시거든 하물며 너희일까보냐 믿음이 적은 자들아." 라고 하셨습
니다.

우리 주님은 공중의 새와 들의 백합화를 예로 들면서, 우리의 믿음 없는
것을 책망하십니다. 공중의 새는 열심히 먹이를 찾아다니면서 그날 먹은 것
으로 만족합니다. 먹을 것을 저축하느라고 집착하거나 탐욕을 부리지 않습
니다. 하나님 아버지께서 절기에 따라 적절하게 먹이고 기르십니다. 들의 백
합화도 특별히 수고하고 길쌈하지 않지만, 하나님 아버지께서 주시는 영양
분만 먹고, 솔로몬의 영광보다 더 아름다운 꽃을 피웁니다. 하나님께서 입히
시는 것입니다.

그러면서 예수님은 "너희들은 하나님 아버지의 자녀다."라고 말씀하십니
다. 하나님의 자녀가 하나님께서 기르시는 동물이나 화초보다 더 귀하고 가
치 있다고 말씀합니다. 사람들도 동물과 화초를 기르지만, 자기 자녀가 더
귀하고 가치 있습니다. 이 가치는 그 어떤 피조물과도 비교할 수 없습니다.
하나님 아버지는 그 자녀된 우리를 사랑하시고, 가장 좋은 것을 가장 적절한
때에 주셔서 필요한 것을 공급해 주십니다. 하나님은 우리에게 생명을 주셨
습니다. 생명을 주셨다면, 생명을 유지하기에 필요한 것들을 확실히 공급해

주실 것도 당연합니다.

32절 말씀에는 또한 하나님 아버지께서는 그 자녀된 우리가 무엇이 필요한지 이미 알고 계신다고 말씀합니다. 이는 그분께서는 전지전능하신 하나님이시기 때문입니다. 무엇이든지 알고 계시는 하나님께서 자녀들이 무엇이 필요한지 알고 계십니다. 자녀들이 필요한 것들을 다 공급해 주실 수 있는 능력 있는 분이십니다. 부모의 자식사랑은 하나님의 사랑과는 다소 차이가 있습니다. 우리도 자녀들을 사랑합니다. 그러나 자녀들이 무엇이 필요한지 대충은 알아도 정확하게 무엇이 필요한지는 알 수 없습니다. 자녀들을 사랑하지만, 능력에 한계가 있으므로 무엇이든지 다 잘 해 줄 수는 없습니다. 그러나 하나님 아버지께서는 다 아시고, 모든 것들을 다 해 주실 수 있는 능력의 아버지이십니다. 그러므로 그 말씀은 자녀된 우리가 하나님 아버지를 믿고 그분께 모든 것을 맡겨야 된다는 말씀입니다.

이스라엘의 사해를 생각해 보십시오. 사해에 가면 사람들이 수영을 많이 합니다. 사해는 염도가 높아서 무엇이든지 물에 담그면 다 뜹니다. 그래서 헤엄을 치지 못하는 사람도 그 물에 들어가면 몸이 뜨게 되어 있습니다. 그런데 주의사항이 있습니다. 그 물에 들어가서는 가만히 있어야지 헤엄친다고 텀벙텀벙거리다가 물이 눈에 튀어 들어가게 되면 쓰라려서 견딜 수가 없습니다. 그렇기 때문에 사해에서는 가만히 있어야 합니다. 수영을 못해도 가라앉지 않습니다. 그곳에서는 '가라앉을 것이다, 죽을 것이다' 라는 염려를 다 내버리고 가만히 떠 있기만 하면 됩니다. 수영하려고 애쓰지 않아도 됩니다.

하나님 아버지께서 우리의 모든 필요를 다 아시고 공급해 주시는 능력있는 분이시기 때문에 하나님 아버지께 그냥 맡기기만 하면 됩니다. 하나님께서는 우리 아버지이시고 우리는 하나님의 자녀인 것을 믿어야 합니다. 또 하나님께서 나의 필요한 것들을 다 아시고 공급해 주시는 분이심을 믿으시길 바랍니다. 하나님께 모든 것을 맡기시고 염려를 버리시길 바랍니다.

염려를 극복할 수 있는 또 다른 비결은 우선순위를 잘 지키는 것입니다. 주님은 우리 삶의 우선순위를 분명하게 말씀하십니다. "너희는 먼저 그의 나라와 그의 의를 구하라." 하나님의 나라와 하나님과의 의로운 관계, 즉 바른 관계를 추구하라고 말씀하십니다. 우리가 우선적으로 관심을 가져야 할 일은 하나님과의 관계를 바르고 친밀하게 하는 것입니다. 우리 인생의 목적은 하나님을 영화롭게 하고 그를 즐거워하는 것입니다. 내가 먼저 추구해야 할 것은 내가 무엇을 먹을까 입을까, 내 이익과 영광을 추구하는 것이 아닙니다. 내가 먼저 추구해야 할 것은 하나님의 나라와 하나님의 의이며 하나님께 영광을 돌리는 것입니다.

우리가 이렇게 하나님 나라와 의를 위하여 최선을 다하면, 하나님 아버지께서 우리가 필요로 하는 것을 채워 주신다고 약속하십니다. 우리가 할 일은 무엇을 먹을까, 무엇을 입을까 염려하는 것이 아니고, 하나님께 영광을 돌리는 일에 최선을 다하는 것입니다. 하나님 나라와 의를 위해 최선을 다하면, 하나님 아버지께서는 우리가 필요로 하는 것들을 때마다 적절하게 채워 주십니다. 염려하고 앉아 있을 일이 아니라 좀 더 적극적으로 일어서서 하나님의 나라와 의를 구하시기 바랍니다.

염려는 무익하고 해로운 것입니다. 우리를 하나님께 집중하지 못하도록 하는 사탄의 전략입니다. 염려를 우리가 이겨내는 데 있어 이를 극복할 수 있는 방법은 오직 믿음뿐입니다. 하나님께서 우리 아버지이시고 우리는 하나님의 자녀인 것을 믿으시길 바랍니다. 그 하나님 아버지께서 자녀가 필요한 것이 무엇인지 다 알고 계시고 채워 주신다는 사실을 믿으시길 바랍니다. 믿음으로 염려를 이기십시오. 또 우선 순위를 잘 지킬 때, 염려를 극복할 수

가 있습니다. 걱정만 하고 앉아 있을 것이 아니라 일어나서 먼저 하나님의
나라와 의를 구하면, 하나님 아버지께서 우리의 필요를 채워 주실 것입니다.

위기를 이기는 가정

(고린도후서 4장 7-12절)

질그릇 속에 있는 하나님의 능력

옛날에는 항아리가 중요한 살림살이 중의 하나였습니다. 김치 담그는 장독이 있고, 된장, 고추장을 담는 장독이 따로 있었습니다. 이사 한번 하려면 장롱만큼 자리를 차지하는 것이 장독이었습니다. 그렇지만 흙으로 빚어서 만들었기 때문에 조심스럽게 다루어야 했습니다. 그래서 김장독을 묻을 때나 파낼 때, 자칫 잘못해서 깨지는 경우가 가끔 있었습니다.

질그릇은 볼품도 없고 약하기 그지없는 물건 중의 하나로 성경 말씀은 우리 인간을 이 질그릇에 비유하고 있습니다. 우리 인간들이 감정적, 육체적 연약함을 질그릇에 비유한 것입니다. 우리 사람들의 육신은 얼마나 연약할까요? 육신만 연약한 것이 아니라 감정도 연약합니다. 인격적으로도 그 의지가 얼마나 연약한지 모릅니다.

오랫동안 인격이 잘 수양된 분이라고 여겨지는 분들도 어느 한 순간에 무너져 내리는 것을 봅니다. 어제까지만 해도 성령 충만하여 하나님과 늘 동행하는 삶을 사는 것 같더니, 그 다음날에 여지없이 낙심에 빠져 하나님이 계신지 안 계신지 흔들리는 것이 우리 인간의 모습입니다. 항아리에다가 때로는 무늬도 그리고 유약도 칠해서 예쁘게 만들어 봅니다만 아무리 덧칠한다고 해도 연약하고 볼품없는 항아리의 특색은 사라지지 않습니다. 인간들 중에도 지식도 있고, 돈도 있고, 지위도 높은 분들이 많이 있습니다만 그래도 인간은 인간입니다. 가정도 연약한 것은 마찬가지입니다. 요즘 경제가 어려워지고 나니 사회복지재단 시설에 우리 부모님 혹은 우리 아이들을 맡길 수 있겠냐는 전화 문의가 많이 온다고 합니다. 그러니 경제적으로 조금 어려우면 벌써 해체의 길을 가는 것이 가정입니다. 가정도 그렇게 연약합니다.

그럼에도 참 감사한 것은, 7절 말씀에 "우리가 이 보배를 질그릇에 가졌으니 이는 심히 큰 능력은 하나님께 있고 우리에게 있지 아니함을 알게 하려 함이라."라고 말씀하고 있습니다. 질그릇은 질그릇인데, 그 안에 보배가 담겨 있다고 합니다. 우리 성도들 역시 질그릇과 같은 연약한 인생들이지만, 그러나 우리 속에는 복음의 빛, 하나님의 능력이 담겨 있습니다. 그렇기 때문에 그 보배로 인해서 '가치 있는 인생'이라고 성경은 말씀하고 있습니다. 정말 가치 있는 인생이 아닐 수 없습니다.

고난을 이기는 성도

이렇게 질그릇과 같은 연약한 인생을 살면서 우리는 또한 너무나 많은 고난과 어려움들을 겪으며 살아야 합니다. 성경 말씀을 보면 사방으로 우겨 쌈을 당하고, 답답한 일을 당하고, 핍박을 받고, 거꾸러뜨림을 받는다고 합니다. 인생을 살다 보면 이렇게 절망적인 상황에 놓일 때가 참 많습니다. 마치 모세가 이스라엘 백성들을 애굽에서 이끌어 내어 가나안을 향해 몇 걸음을 가지도 못한 채, 앞에는 홍해가 가로막고 뒤에서는 애굽의 군대가 쫓아오는 상황과 같습니다.

옛날 로마 시대에는 원형 경기장에서 두 사람의 투사들이 싸우다가 그 중한 사람이 넘어지면, 이긴 사람이 진 사람의 목 끝에 칼끝을 댑니다. 보고 있던 황제가 엄지손가락을 올리면 그 사람은 살고, 손가락을 내리면 죽게 됩니다. 힘난한 인생을 살다 보면 이렇게 완전히 넘어져서 다시는 일어설 수 없는 절박한 상황에 처할 때가 셀 수 없이 많습니다.

그런데 아무리 절망적인 상황 가운데에 놓여 있을지라도 참으로 감사한 것은 하나님께서 우리의 삶을 간섭하셔서 버림받지 않게 하신다는 사실입니다. 절망적인 상황 가운데에 놓인 우리를 보시고 하나님께서 개입하셔서 우리를 구해 주십니다.

본문의 핵심은 우리에게 계속해서 고난과 역경이 다가온다는 점이 아니라 그런 중에서도 넘어지지 않고 다시 일어난다는 것입니다. "우리가 사방으로 우겨쌈을 당하여도 싸이지 아니하며 답답한 일을 당하여도 낙심하지 아니하며 핍박을 받아도 버린 바 되지 아니하며 거꾸러뜨림을 당하여도 망하지 아니하고"(고후 4:8-9) 절망적인 상황 가운데에 처해 있어도 성도는 하나님의 도우심으로 다시 일어나서 자신의 인생길을 묵묵히 다시 걸어가게 됩니다.

정신 심리학자 중에 팬버시라는 사람이 이런 이야기를 했습니다. 어려움이나 위기가 닥칠 때, 그 어려움과 위기를 15분 단위로 잘라내면 위기를 극복할 수 있는 힘이 생긴다고 합니다. 그러니까 어려움과 위기가 닥쳐올 때, 이 어려움 가운데 앞으로 긴 인생을 어떻게 살아갈까 생각하면 오히려 낙심이 더 깊어진다는 뜻입니다. 앞으로 15분만 어떻게 살까라고 생각한다면, 지금 당장 문제 해결을 위한 일을 시작할 수 있습니다. 주어진 하루하루를 열심히 사는 것, 한 걸음 한 걸음 열심히 걸어가는 것이 중요합니다.

아무리 절망적인 상황 가운데에 놓여 있을지라도 하나님은 당신의 자녀를 사랑하신다는 사실을 기억해야 합니다. 하나님께서 사랑으로 개입하시고 간섭하시므로 하나님을 의지하고 일어서시기 바랍니다.

죽음 속에 있는 생명

예수 믿는 사람들은 근본적으로 낙관론자입니다. 예수님이 십자가에 달려 죽으시고, 고난을 당하시고, 죽으신 것뿐만 아니라 다시 부활하시고 승천하셔서 곧 오신다는 진리를 믿기 때문입니다. 다시 말해서 현재 예수님과 함께 고난 가운데에 있을지라도, 이제 곧 예수님과 함께 부활하고 생명을 얻게 되리라는 믿음을 갖고 있는 것입니다. 절망과 좌절 가운데에 놓여 있을 때, 바로 그때가 예수님의 생명력이 나타나는 때입니다. 절망과 좌절 가운데에서 예수님께 엎드려 기도드릴 때, 그 기도하는 마음 가운데에는 '이번에는 하나님께서 어떤 식으로 나를 구하실까' 라고 하는 기대가 생기게 됩니다. 그러한 기도를 드릴 때에 하나님께서 놀라운 역사를 베푸시고 은혜를 베풀어 주십니다.

예수님께서 십자가에 달려 고난을 당하시고 죽으심으로써 우리 모든 인간들에게 생명을 얻을 기회를 주셨습니다. 바울도 다메섹에서 예수 그리스도를 만나 생명을 얻었습니다. 그리고 바울이 복음을 전하면서 많은 고난을 통해 고린도교회 성도들이 생명을 얻었습니다. 공동체 가운데 한 사람이 고난을 겪으므로 공동체 전부가 생명을 얻게 되었다는 말씀입니다. 교회뿐만 아니라 가정도 마찬가지입니다. 가정에 어려움이 닥칠 때에 하나님께서 우리 가정에 역사하실 것이라는 믿음을 가진 한 사람의 진심어린 기도가 온 가정에 생명력과 능력을 나타나게 할 수 있습니다.

얼마 전에 신문에 지하철 노숙자를 인터뷰한 기사가 실렸습니다. 그분이 하루아침에 실직을 당하고는 집에 미안해서 들어가지 못하고 회사에서 지방 출장을 갔다고 거짓말을 하고 지하철역에서 노숙을 한다고 합니다. 저는 그 인터뷰를 보고서 그분이 참으로 잘못 판단을 했다고 생각했습니다. 고난은 가정 식구들과 함께 나눠야 합니다.

〈가이드포스트〉지에서 이런 이야기를 읽었습니다. 어느 가장이 실직을 하고 난 후 부인과 함께 시장에 작은 야채 가게를 열었습니다. 부부가 새벽 일찍 시장에 나가서 물건을 받아다가 다듬어 밤늦게까지 그것을 팝니다. 직장에 다닐 때는 책상에 앉아서 편하게 지냈는데 시장에서 장사를 하다 보니 육체적으로 많이 피곤하고 힘이 듭니다. 마치 인생의 낙오자가 된 것같이 좌절감이 들었습니다. 가장 큰 걱정은 두 부부가 새벽부터 밤늦게까지 밖에 나와 있으니까 아이들을 돌볼 수 없다는 점이었습니다.

그러던 어느 날, 초등학교 4학년인 큰 아이가 아빠에게 카드와 편지가 든 예쁜 봉투를 가져왔습니다. 편지에는 "아빠, 생신 축하드려요. 좋은 생일 선물을 해 드리지 못하지만, 언제든지 이 쿠폰을 사용하시면 정성을 다해 드릴게요. 아빠, 힘내시고요. 정말 사랑해요."라고 적혀 있었습니다. 그 편지와 함께 쿠폰이 여러 장 들어 있었는데, 10분짜리 안마해 주는 쿠폰, 구두 닦아 주는 쿠폰, 심부름해 주는 쿠폰, 노래해 주는 쿠폰, 라면 끓여 주는 쿠폰, 뽀뽀해 주는 쿠폰들이었습니다. 그리고 그 밑에 추신으로 "이 쿠폰들은 딱 한 번만 사용할 수 있어요. 하지만 기분 좋으면 두 번도 해 드릴게요."라고 쓰여 있었습니다.

고통을 같이 나눌 때는 어린 아이의 손길을 통해서도 아버지를 살리고 어머니를 일으켜 세우듯 온 가정 속에 생명력을 주는 역사가 나타날 수 있습니다. 고난 중에 온 가정이 믿음으로 하나 되어 기도하고, 서로 희생하고, 위로하면, 그 속에 예수님의 생명력이 나타납니다.

우리 성도들은 다른 사람들과 마찬가지로 질그릇같이 연약한 존재이지만 다른 점이 있다면 하나님의 능력과 보배를 담은 질그릇입니다. 우리가 인생을 살아가면서 계속적으로 고난을 겪게 되지만, 그때마다 잊지 않고 꼭 기억해야 할 것은 하나님께서 우리를 사랑하시고, 하나님께서 우리 가운데 세세한 부분까지 간섭하신다는 사실입니다. 그리고 고난을 당하는 그때야말로 예수님의 생명력이 나타나는 절호의 기회입니다.

어려운 시대를 사는 우리 가정에 꼭 필요한 것은 무엇일까요? 바로 복음의 빛입니다. 하나님의 능력입니다. 깨어지기 쉬운 연약한 가정에 불과하지만, 하나님의 능력, 복음의 빛을 가지고 있으면 그 가정은 강한 가정이 됩니다. 하나님께서 개입하심으로 예수님의 생명력이 나타나게 됩니다.

우리의 가정에 위기가 찾아왔다면 이 위기를 하나님께 올려드려야 합니다. 내 스스로 고난을 헤쳐 나가는 것이 아니라 예수 그리스도와 함께 극복해 나가야 합니다. 뿐만 아니라 아내와 아이들이 함께 이 위기에 대해서 이야기하고, 주님과 함께 풀어나가는 법을 배워야 합니다. 그럼으로써 자녀들은 역경 속에서 기도하는 부모의 본을 배우게 되고, 하루하루를 은혜로 간섭하시고 인도하시는 예수 그리스도의 생명력을 체험하게 됩니다. 복음의 빛을 발하는 가정, 기도하는 가정, 예수님의 생명력이 삶에서 나타나는 가정이 되기를 기도합니다.

우리 짐을 지시는 주께 감사

(시편 68편 19–35절)

언젠가 제가 기차여행을 하면서 서울역에 내린 적이 있었습니다. 여행이라 옷차림은 가볍게 입고 다녔습니다. 기차에서 내리고 보니 개찰구까지 꽤나 거리가 길었습니다. 서울역은 오르내리는 계단도 많습니다. 가방 하나 들고 걷고 있는데 앞을 보니 할머니 한 분이 머리에 짐을 이고, 양손엔 보따리를 들고 힘들게 힘들게 걸어가고 있는 모습이 눈에 들어왔습니다. 제가 젊었으니 그냥 지나칠 수 없어서 좀 들어드려야겠다는 생각에, "할머니, 짐을 제가 들어드릴게요."라고 했더니, 들고 가던 것을 몸 쪽으로 탁 당기면서 싫다고 하십니다. 제가 남의 짐이나 들고 빼앗아 갈 사람같이 보였나 봅니다. 좀 섭섭하기도 하고 무안했습니다. 상황이 그러니 저도 그냥 지나갈 수밖에 없었습니다. 할머니도 역시 혼자서 힘들게 짐을 들고 가셨습니다.

짐을 진 인간

우리 인생들은 이 땅을 살면서 무거운 짐을 지고 살아갑니다. 우리 주님께서도 "수고하고 무거운 짐 진 자들아, 다 내게로 오라. 내가 너희를 쉬게 하리라(마 11:28)."고 말씀하십니다. 사람이 그렇게 수고하고 무거운 짐을 지고 살아가야 하는 인생이라는 것을 예수님께서는 아시고 이렇게 말씀하셨습니다.

시편 68편을 지은 다윗도 그 인생을 살펴볼 때에 수고하고 무거운 짐을 지고 살아간 인생이었습니다. 그는 왕에게 미움을 샀고, 인간관계 속에서 갈등을 겪으면서 살았습니다. 시기와 질투와 미움으로 인해 쫓겨 다니면서 얼마나 고생을 많이 했는지 모릅니다.

다윗은 나중에 왕이 되어 권력의 정상에 섰습니다. 권력만 잡으면 편할 줄 알았는데 현실은 그렇게 녹녹하지 않았습니다. 주위에 반역하는 사람도 생겼습니다. 심지어는 아들도 왕의 자리를 자기에게 내놓으라고 반역하여 달려들었으니, 치열한 권력 다툼 속에서의 다윗의 인생은 그 자체가 무거운 짐이었습니다.

다윗의 일생 중에 가장 많이 겪었던 일을 들라면 전쟁입니다. 얼마나 전쟁을 많이 치렀는지 30절 하반절 말씀에 전쟁을 즐기는 백성이 다윗이 다스리는 나라 주위에 많이 있다고 이야기합니다. 침략하기도 하고 침략당하기도 하면서 일생 동안 다윗은 전쟁이라는 무거운 짐을 지고 살았습니다.

또 다윗은 모든 인간들이 소유한 죄악된 본능의 짐을 그대로 지고 살았습니다. 간음죄, 살인죄 등 다른 사람과 다를 바 없이 그런 죄들을 짊어지고 살아간 사람이었습니다.

다윗만 그럴까요? 오늘날 현대를 살아가는 사람들은 다 무거운 짐을 지고 살아가고 있습니다. 생존경쟁, 성공을 향한 경쟁 등 이런 전쟁과도 같은 경쟁 속에서 살아가고 있는 것입니다. 죄로 물든 세상에서 인간은 어찌할 도리 없이 그런 짐을 짊어지고 살아갈 수밖에 없습니다.

요즘 학생들 중에는 그런 사람이 있는지 모르겠지만, 저희가 어렸을 때 장난꾸러기 친구들 중에는 책가방에다 '고생보따리' 이렇게 써 가지고 다니는 친구들이 있었습니다. 고생보따리는 공부하는 것이 고생이란 의미입니다. 공부가 쉬운 일은 아닙니다. 학생들에게는 수능이란 시험은 여간 힘든 짐이 아닐 수 없습니다. 세상에서 어른도 학생들도 그렇게 무거운 짐을 지고 살아가는 것이 인생입니다.

때로는 우리가 인간관계 속에서 갈등의 짐을 지고 살아갑니다. 직장 속에서, 친구들 간에, 심지어는 가정에서 인간관계가 원만하지 못해 갈등이라는 짐을 지고 살아가기도 합니다. 모든 인간들이 죄짐을 지고 살아갑니다. 우리 속엔 죄악된 본성, 즉 죄성이라는 것이 있어 우리가 조금만 방심하면 그 죄성이 차고 올라와 우리를 공격합니다. 이렇게 우리는 끊임없는 영적 전쟁, 치열한 영적 전쟁 속에서 삶을 살아가고 있는 것입니다.

그런데 참으로 불행한 것은, 그렇게 무거운 죄짐을 지고 살아감에도 불구하고 우리 인간들이 스스로 그 짐을 해결하고 내려놓을 수 없다는 것입니다. 우리는 그 짐을 어떻게 하든지 애를 써서 처리해 보려고 하지만, 해결할 수 없는 것이 바로 인간이 가진 우리의 연약함입니다. 그러나 무거운 짐을 나 홀로 지고 견디다 못해 쓰러질 때, 나를 불쌍히 여겨 구원해 줄 이가 계시는데 이분이 은혜의 주님 오직 예수 그리스도이십니다.

우리 짐을 지시는 하나님

사랑의 하나님께서 우리의 짐을 대신 져 주십니다. 하나님께서는 자신이 창조하신 인간, 택하신 백성을 너무나 사랑하시기에 그 사랑하는 사람들이 무거운 짐을 혼자서 지고 견디다 못해 쓰러지는 것을 그냥 내버려 두시는 분이 아닙니다. 하나님께서는 우리의 고통을 다 아시고 그 짐을 대신 져 주시는 것입니다.

신명기 1장 31절에는 "사람이 자기 아들을 안는 것 같이 너희 하나님 여호와께서 너희가 걸어온 길에서 너희를 안으사 이곳까지 이르게 하셨느니라."

라고 말씀하고 있습니다. 마치 부모가 자기 자녀들을 품에 안고 다칠세라 그 아들을 보호하고 인도하는 것같이 하나님께서 우리를 자신의 품에 안으시고 보호하시고 인도하신다는 말씀입니다.

이사야 40장 11절에 "그는 목자 같이 양 떼를 먹이시며 어린 양을 그 팔로 모아 품에 안으시며 젖먹이는 암컷들을 온순히 인도하시리로다."라고 말씀합니다. 목자가 어린 양을 품에 안고 맹수가 오지 못하도록 보호하는 것같이, 하나님께서는 그 넓고 포근한 당신의 품에 우리를 안으시고, 보호하시고, 인도하신다는 말씀입니다. 어린 아이나 양이나 자기 스스로 생존할 능력이 없습니다. 어디로 가야 먹을 것이 있는지, 어떻게 살아가야 하는지 그 방법을 모릅니다. 어린 아이나 양이나 다 자기 보호능력이 없습니다. 맹수가 와서 덮칠 때 자기를 방어할 능력이 없습니다. 그런 불쌍하고 연약한 그 어린 자녀를 목자가 양을 품에 안은 것같이 그렇게 하나님께서 사랑으로 우리를 품어 주시고 보호하시며 인도해 주신다는 말씀입니다. 우리 하나님의 사랑이 얼마나 크고 놀라운 사랑인지 모릅니다. 하나님의 사랑은 바로 양을 품은 목자의 사랑과 같습니다.

또 우리 하나님께서는 신실하시기 때문에 변함없이 날마다 우리의 짐을 지십니다. 하나님께서는 짐을 그저 기분 좋을 때 한 번 지고 그냥 끝나는 것이 아니라 날마다 우리의 짐을 져 주고 계십니다. 하나님께서는 오랜 세월 동안 하나님이 택하신 백성, 이스라엘 백성들을 돌보시고 보호하시고 인도하셨습니다. 시편 68편에는 이스라엘의 역사가 간략하게 나와 있습니다. 그곳에 보면 이스라엘 사람들이 애굽에서 나올 때, 가나안 땅을 정복할 때, 주위의 여러 부족국가들과 전쟁을 치르면서 국가를 든든히 세워나갈 때, 그런 위기의 상황에서도 우리 하나님께서는 지속적으로 보호하시고 인도하셨다는 말씀입니다.

그렇다고 그 백성이 하나님을 잘 섬길 때만 짐을 지신 것이 아닙니다. 이스라엘 백성들이 얼마나 자주 하나님을 배반하고 떠나갔습니까? 그렇게 배반하고 떠나갔을지라도 그들이 회개하고 돌아오기만 하면, 하나님께서는 다시 그들의 짐을 져 주셨습니다. 변함없이 구원하시고, 치유하시고, 돌보시고, 보호하시는 일들을 우리 하나님께서 하셨습니다. 하나님께서는 그렇게 신실하고 변함이 없으신 분이십니다. 19절 말씀처럼 날마다 우리 짐을 지시고 순간마다 분초마다 우리를 생각하시는 분이 바로 우리 하나님이십니다.

뿐만 아니라 우리의 하나님께서는 능력이 많으시기에 우리가 아무리 무거운 짐을 지고 갈지라도 못 지실 것이 없는 능력의 하나님이십니다. 하나님은 어떤 분이십니까? 하나님은 우주만물을 창조하신 분이십니다. 그리고 모든 우주만물을 주관하시고 말씀으로 운행하시는 분이 바로 하나님이십니다. 인간들은 하늘을 보고 거기에 무슨 신비한 힘이 있는 줄 알고 경배하고 숭배합니다. 달을 보고 숭배하고, 별을 보고 숭배하면서 별 가지고 점을 칩니다. 하늘, 달, 별, 인간들은 이 모든 것들이 대단한 것인 줄 알고 떠받들지만 사실 그것들은 다 하나님의 피조물에 불과합니다. 하나님께서는 그 모든 것 위에 권능을 가진 그런 분이십니다.

하나님은 어떤 분이십니까? 우리 하나님께서는 또한 모든 나라들을 섭리하고 주관하는 분이십니다. 권력을 가진 사람들은 자기 계획대로 나라가 운영되고 역사가 저절로 만들어지는 줄 알고 있습니다. 그러나 하나님께서 배후에서 주관하시고, 하나님의 계획대로 섭리하신다는 사실을 모르고 있습니다.

우리 하나님은 어떤 분이십니까? 우리 하나님께서는 그 아들을 보내 주심으로 십자가를 통해 우리 죄짐을 다 짊어지신 분이십니다. 죄짐이 얼마나 무섭고, 죽음의 짐이 얼마나 무섭습니까? 그 막강한 죄와 죽음의 권세를 다 깨뜨리시고 이기신 분이 바로 예수 그리스도이십니다.

35절 말씀을 보면, 그 주님께서 그 위엄과 권능을 성소에서 나타내신다고 말씀을 하고 있습니다. 하나님의 백성들이 성소에 나와서 예배를 드릴 때에 하나님께서 그 가운데에 임재하셔서 백성들을 만나 주시고 그 택하신 백성들에게 힘과 능력을 주셨습니다.

감사와 찬양

인생을 살아가면서 하나님께서 우리 짐을 지실 때 우리가 해야 할 일은 감사와 찬양입니다. 짐을 지고 견디다 못해 쓰러지게 되었을 때, 내 짐을 져 주시는 하나님이 계시다는 사실을 우리는 기억할 필요가 있습니다. 주님께서 "수고하고 무거운 짐진 자들아, 다 내게로 오라. 내가 너희를 쉬게 하리라(마 11:28)."라고 말씀하십니다. 그것이 죄인들을 향한 약속의 말씀입니다. 우리가 짐을 지고 무거워서 낑낑거릴 때 우리가 기억해야 할 것은 주님께서 하신 그 약속의 말씀입니다.

그렇다면 우리가 해야 할 일은 그 약속을 믿고 주님께 모든 짐을 맡겨야 합니다. 어떤 분들은 기진맥진해서 완전히 쓰러지기 직전에야 주님께 맡기는 것을 봅니다. 미리 진작 맡기면 고생을 덜 할 텐데, 그것을 믿지 못하는 고로 끌어안고 끝까지 버티는 것입니다. 주님께서 우리 짐을 져 주시기에 우리가 주님께 전부 다 짐을 맡겨 버리면 사실 우리에게 감당 못할 짐은 없습니다.

무거운 짐을 지고 계십니까? 지쳐서 기진맥진하십니까? 주님께서는 날마다 우리 짐을 지시는 분임을 믿으시기 바랍니다. 그분께 짐을 내어 맡기십시오. 주님께 짐을 내어 맡기면 우리에게는 감당 못할 짐이 없습니다.

날마다 우리를 위하여 행하시는 주님을 믿을 뿐만 아니라, 그 짐을 지시는 주님께 감사하고 찬양하는 것이 바로 우리의 일입니다. 짐만 보고 불평하는 분들이 많이 있습니다. 짐을 보고 있으면 당연히 불평이 나오게 되어 있습니다. 그러나 짐이 아니라 우리 짐을 지시는 주님을 바라본다면 불평할 것이 전혀 없습니다.

사람들이 얼마나 불평을 많이 하는지, 자기가 선택해서 만난 배우자인데도 불구하고 무슨 문제만 생기면 배우자만 탓합니다. 자기가 택해서 들어간 직장인데도 열심히 일할 생각은 하지 않고 봉급이 적다, 근무환경이 안 좋다고 불평만 합니다. 자기가 선택해서, 자기 실력에 맞게 들어간 학교인데도 학교가 시원치 않다는 둥 불평을 합니다. 끊임없이 불평하고 다른 곳 어디 좋은데 없나 하고 이렇게 기웃거리는 현상을 '파랑새증후군' 이라고 합니다. 옛날 동화에 '파랑새' 라는 동화가 있습니다. 행복이 어디 있나 사방으로 찾아 돌아다니다가 결국 집에 와 보니까 파랑새가 거기에 있었다는 이야기입니다. 행복은 멀리 있는 것이 아니라 가까이에 있다는 의미의 동화입니다.

이제는 짐을 보고 하던 불평을 다 내버리고, 짐을 져 주시는 우리 주님을 바라보면서 감사하고 찬양해야 합니다. 우리가 해야 할 일은 간단합니다. 날마다 짐을 지시는 주님을 믿고, 그분께 짐을 내어 맡긴 다음 감사하고 찬양하는 것입니다.

일본에서 베스트셀러가 되었던 오토다케 히로타다의 『오체불만족』이란 책이 있습니다. 저자는 일본인 청년으로 그 청년은 날 때부터 몸뚱이에 머리만 붙어 있었고, 팔다리는 거의 없을 정도로 작았습니다. 산부인과 의사하고 간호사가 그만 아기를 받다가 놀래 버렸습니다. 희한한 아기가 나오니까 아기 엄마한테 아무 소리도 못했습니다. "당신 아이가 이 아이입니다."하고 엄마에게 보여 주지를 못한 것입니다. 아이가 황달기가 있어서 치료해야 한다는 식으로 이야기하고는 아이를 엄마하고 격리시켰습니다. 그러나 마냥 격리하고 있을 수는 없었습니다. 엄마가 어느 정도 산후조리가 된 다음 엄마에게 아이를 보여 주게 되었는데, 의사들이나 간호사들이 너무나 긴장해가지고 이 아이를 보고는 엄마가 기절해 넘어질까봐 다들 만반의 준비를 하고 있었습니다. 그런데 정작 어머니한테 그 아이를 넘겨주니까 기절하기는커녕 너무나 귀여운 아기라며 받아 안는 것입니다. 그리고는 그 아이를 감사함과 기쁨으로 키웠습니다.

그 아이가 자라나서 일본의 명문대학, 와세다 대학의 학생이 되었습니다. 손도 붙어 있는지 없는지 모를 정도로 굉장히 작습니다. 그런데도 항상 유쾌한 얼굴에 농담도 잘 합니다. 그 청년이 말하기를 "어떻게 태어나느냐보다 어떻게 사느냐가 더 중요하다."라고 합니다. 참 대단한 사람이라는 생각이 듭니다. 그렇습니다. 이 세상에 태어나서 마냥 과거를 돌아볼 수는 없습니다. 과거는 중요하지 않습니다. 우리는 항상 오늘이라는 출발점에 서 있습니다. 그 청년의 말처럼 어떻게 사느냐가 더 중요한 것입니다.

우리가 삶의 형편들만 보면서 불평한다면 한도 끝도 없습니다. 짐이 무겁지만, 주님께서 우리 짐을 져 주신다는 사실을 믿는다면 우리 속에 불평과 원망이 있는 것이 아니라 감사와 찬양만이 있게 될 것입니다. 68편 3절을 보면 "의인은 기뻐하여 하나님 앞에서 뛰놀며 기뻐하고 즐거워할지어다."라고 말씀하고 있습니다. 기뻐하고, 즐거워하고, 감사하고, 찬송하는데 뛰놀면서 한다고 합니다. 진정한 기쁨은 우리 안에 없습니다. 오직 예수님으로부터 나오는 것입니다. 우리 주님께 짐을 내어 맡기어 이런 기쁨과 감사가 넘치는 삶이 되시길 바랍니다.

능력 있는 삶의 비결
(고린도후서 12장 7-10절)

사도 바울은 기독교 역사상 가장 위대한 사도였습니다. 베드로는 예수님의 제자 중 수제자였고, 요한은 오랫동안 활동한 훌륭한 사도였습니다. 그러나 사도 바울은 기독교 역사상 가장 위대한 사도로 인정받고 있습니다.

사도 바울은 당대의 엘리트 중에 엘리트였습니다. 그는 길리기아 다소라는 큰 도시에서 태어났고, 베냐민 지파의 뼈대 있는 가문 출신이었습니다. 그는 예루살렘의 가말리엘 문하에서 율법을 정통적으로 공부했습니다. 유대교의 율법과 함께 헬라의 철학과 문화에 있어서도 엘리트였습니다. 그의 탁월한 지식은 기독교 복음을 전파하고 교회를 수호하는 데 결정적인 기여를 했습니다. 바울은 이런 엘리트로서의 남다른 지식을 가지고 있었습니다.

또한 바울이 예수님을 믿은 후에는 열정적으로 전도하여 아시아와 유럽을 여행하면서 많은 사람을 예수님 앞으로 나오게 하고, 많은 지역교회를 세웠습니다. 그는 세상적인 지식뿐만 아니라, 영적으로 신비한 체험도 많이 했습니다. 고린도후서 본문에서는 셋째 하늘에 올라갔던 자신의 신비 체험을 간증하고 있습니다. 이렇게 그는 지성과 영성을 겸비한 위대한 사도였습니다.

그렇게 모든 것을 갖춘 엘리트였지만, 바울에게도 약점이 있었습니다. 사역하고 활동하는 데 있어 장애물이 되는 약점이 있었는데 그는 그것을 '육체에 가시'라고 표현하고 있습니다. 그 가시는 사단의 사자 역할을 해서 주의 일을 하는 데 큰 장애물이 되었습니다.

기도

사도 바울은 여러모로 불편한 이 가시가 사역하는 데에 약점이 되었습니다. 이 가시 때문에 고통을 겪었고 낙심이 되었습니다. 그래서 이 가시를 놓고 하나님 앞에 간구했습니다. 고통에서 벗어나기 위하여, 자유롭게 활동하고 사역하기 위하여 세 번 거듭해서 간절하게 하나님께 간구하였습니다. 사도 바울이 어떤 사람입니까? 늘 기도에 힘쓰고, 많은 영적인 은사를 가진 분입니다. 기도하면 마귀 들린 자와 병든 자를 고치는 기적을 행한 분이었습니다. 그런 사도가 자신의 육체적인 질병을 치유해 주시도록 간절히 세 번을 기도했습니다.

그런데 하나님께서는 바울이 드린 기도를 응답해 주지 않으셨습니다. 9절 말씀을 보면 "내 은혜가 네게 족하도다."라고 하나님께서 말씀하십니다. "너는 이미 충분한 은혜를 받아서 더 이상의 은혜는 필요없다. 그 가시, 질병이 낫는 은혜는 너에게 필요가 없다. 이미 네가 가진 은혜만으로 만족해라." 바울 사도가 하나님 앞에서 기도했을 때, 그 은혜가 응답되지 않은 것입니다.

우리가 하나님 앞에서 기도할 때, 하나님의 응답은 크게 세 가지로 나타납니다. 첫째는 "그래라"입니다. 우리가 기도한 그대로 응답하시는 것입니다. 우리가 보통 기도할 때 대부분 하나님께서 그대로 응답해 주십니다.

둘째는 "기다려라"입니다. 응답을 하시기는 하지만, 지금 당장 응답하시지는 않는 것입니다. 우리의 시간에 맞추어서 응답하시는 것이 아니라, 하나님의 시간에 맞추어서 응답하시는 것입니다. 그렇기 때문에 우리가 하나님의 시간이 될 때까지 기다리는 것입니다. 그 대표적인 예가 아브라함입니다. 아브라함은 25년 동안 기다리면서 때로는 낙심과 좌절을 맛보았으며 방황하고 포기할 때도 있었습니다. 그는 오랫동안 기다렸습니다.

셋째는 "안 된다"라는 응답입니다. 우리가 기도한 그대로 응답하지 않으시는 것입니다. 우리가 기도한 제목을 하나님께서 거절하시는 것입니다. 예수님께서 십자가를 지시기 전에 하나님께 "이 잔을 내게서 지나가게 하옵소서(마 26:39)."하며 간구하셨습니다. 하나님 앞에서 십자가를 지지 않게 해달라고 간구했지만, 기도는 응답되지 않았습니다. 모세도 가나안 땅에 들어가게 해달라고 간구했지만, 모세의 간구도 응답되지 않았습니다. 바울도 이 가시가 내게서 제하게 해달라고 간구했지만, 결국 그 간구는 응답되지 않았습니다.

이런 신앙의 위대한 인물들이 간절히 간구했음에도 하나님께서는 왜 그것을 응답하지 않으셨을까요? 그것은 응답하지 않는 것이 오히려 바울에게 유익하고, 하나님의 사역을 위해서 유익하기 때문에 응답하지 않으신 것입니다. 하나님께서는 바울의 원대로가 아니라 하나님의 계획을 따라 행하신 것입니다.

그러므로 우리 신앙인들은 어떤 태도를 취해야 합니까? 우리 기도가 응답될 때 감사하시길 바랍니다. 우리 기도가 응답이 지연될 때에 인내함으로 기다리시길 바랍니다. 또 응답이 되지 않은 것도 나를 향한 하나님의 계획인 줄을 믿고 순종하시길 바랍니다.

강함 – 능력

바울이 이렇게 기도하는 중에 하나님의 뜻을 깨달았습니다. 우리도 이와 마찬가지로 하나님 앞에 기도할 때 깨닫는 것이 많이 있습니다. 성령께서 우리 가운데 역사하셔서 우리가 생각하지 못했던 것을 기도 중에 깨닫게 해 주십니다. 바울이 깨달은 첫 번째는 이 가시가 자신을 쳐서 겸손하게 만드는 하나님의 도구라는 사실입니다.

바울은 세상적으로 볼 때 엘리트였습니다. 많은 영적인 은사와 신비한 체험 등 모든 것을 다 갖춘 사람이었습니다. 당시의 다른 사도들이나 교회의 사역자들과 비교해 보면, 비교가 되지 않을 정도로 탁월한 사람이었습니다. 바울에게는 교만할 만한 충분한 요소를 다 가지고 있었습니다.

그렇지만 바울은 기도하는 중 이 가시가 고통스럽고 불편하기는 하지만, 하나님께서 자신을 쳐서 겸손하게 만드시는 도구인 것을 깨달았습니다. 가시가 없으면 한없이 교만하게 될 것이고, 교만해서 다른 사람을 업신여기고, 주의 사역을 혼란스럽게 만들 것입니다. 그러나 이 가시 때문에 겸손하고 주의 사역이 질서 있게 이루어진다는 것을 바울은 깨달았습니다.

기도하는 사람은 자신을 돌아보게 됩니다. 남의 잘못을 지적하기보다 먼저 자기 자신의 잘못을 깨닫습니다. 남의 허물을 비판하기보다 자신의 허물을 먼저 깨닫습니다. 그래서 하나님 앞에서 내가 죄인인 것을 인정하고 회개합니다. 하나님 앞에서 한 없이 부족한 것을 깨닫고 겸손해집니다. 기도하는 사람은, 기도하면서 하나님의 은혜로 자기의 허물과 죄들을 깨닫고 새로워지고 변화됩니다. 기도하면서 인격이 정화되고 정결해지고 삶이 거룩해 집니다. 예수 그리스도를 사랑하십니까? 예수 그리스도를 닮기 원하십니까? 기도 생활에 힘쓰시기를 바랍니다. 기도하면서 하나님 앞에서 죄와 허물을 깨닫고 회개하고 정결하고 깨끗해지시길 바랍니다.

바울이 기도하는 중에 또 깨달은 것은 이 가시가 은혜를 받는 통로인 것을 깨달았습니다. 하나님께서 말씀하시기를 "내 은혜가 네게 족하도다. 이는 내 능력이 약한 데서 온전하여 짐이라.”는 하나님의 음성을 듣게 되었습니다.

가시가 고통스럽고 불편하기는 하지만, 그 고통을 통해서 연약해지고, 연약해지면 겸손해지고, 겸손해지면 인간의 능력을 의지하던 것을 다 내버리고, 하나님의 능력을 의지하게 됩니다. 하나님의 능력을 의지해서 하나님의 능력이 온전하게 내 속에서 나타나게 되면, 강해지게 됩니다. 바울은 약할 그때가 곧 강해진다는 역설적인 진리를 깨닫게 되었습니다.

사람이 자신의 능력을 의지하면, 자신의 능력만큼만 일할 수 있습니다. 그러나 하나님의 능력을 의지하면, 인간 능력을 초월해서 엄청난 일을 할 수가 있습니다. 인간의 능력은 사람에 따라서 차이가 있겠지만, 그러나 하나님께서 보실 때는 사람의 능력이 아무리 크다 할지라도 그리 차이가 나지 않습니다. 그러나 하나님의 능력을 의지하면 인간의 능력과는 비교할 수 없을 정도로 엄청난 차이가 나타납니다. 이 하나님의 능력을 힘입는 방법이 있다면, 인간이 스스로 연약한 것을 인정하고 겸손한 마음으로 하나님의 능력에 의지해야 하는 것입니다. 그것이 비결입니다. 하나님의 능력에 의지하여 하나님의 능력을 힘입게 되면 강해집니다. 결국 바울은 가시는 인간을 연약하게 하지만 하나님의 능력을 힘입는 은혜의 통로라는 것을 깨달았습니다. 가시가 손해가 아니고 오히려 유익이라는 사실을 깨닫게 된 것입니다.

이렇게 가시가 은혜의 통로가 되어 강하게 되는 방법이요 능력 있는 삶을 살아가는 방법이란 것을 깨닫게 되자, 사도 바울은 이 가시, 고난, 연약한 것을 기뻐하였습니다. 가시가 부끄럽고 고통스러운 것이 아니라 기쁨이 되었습니다. 연약한 것이 부끄럽고 숨길 것이 아니라 자랑거리가 되었습니다. 이제는 모든 연약한 것들과 모욕을 당하는 것, 좌절, 핍박, 고통들을 기뻐하게 되었습니다.

송명희라는 시인이 있습니다. 그 시인은 장로님 가정에서 출생하였는데,

출산 과정에서 잘못 되어서 뇌성마비로 태어났습니다. 뇌성마비이기 때문에 팔다리를 자기 마음대로 사용하지 못하고 말도 어눌합니다. 뇌성마비로 태어나서 바깥에 나가서 활동을 할 수가 없었기 때문에 방 안에서만 지냈습니다. 손님들이 와도 만나지도 못하고 방 안에만 처박혀서 살았습니다. 옛날에는 집안에 장애인이 있으면 잘 내 놓지 않고 숨겨 두었습니다.

그녀도 사춘기에 방황을 했습니다. 내가 과연 살 가치가 있는 사람인가? 내 인생에 하나님의 목적이 있는가? 그렇게 방황을 하다가 17세에 하나님을 만나고 거듭나게 되었습니다. 그리고 하나님께서 자신을 향한 목적이 있다는 사실을 분명히 알게 되었습니다. 사는 목적을 깨달은 그녀는 그때부터 하루에 5시간씩 기도했습니다. 성경을 30번 이상 통독했습니다. 학교 문턱에는 가 본 적도 없지만, 독학으로 한글을 깨우쳐 성경을 읽었습니다. 그리고 성경을 자기 식으로 습득하고 자기 인격을 형성했습니다.

그녀의 마음을 아신 하나님께서는 그녀에게 시를 쓸 수 있는 은혜를 주셨습니다. 그래서 시집을 25권이나 내고, 그의 시에 찬양곡이 붙여져서 많이 불러지고 있으며, 『그 이름』이라는 찬양집도 출간하였습니다. 그래서 송명희 시인을 "하늘의 시인"이라고 이야기 합니다. 하늘의 시인인 송명희 시인은 연약하기 짝이 없는, 장애를 가진 여인이었지만, 하나님의 능력을 힘입어서 강한 믿음의 사람이 되었습니다.

여러분에게 가시가 있습니까? 그것이 어떤 가시입니까? 고통스럽고, 괴롭고, 수치스럽고, 부끄러운 약점, 연약한 점, 대체 그 가시가 무엇입니까? 그 가시 때문에 분노하거나 부끄러워하거나 낙심하거나 좌절하지 마시기 바랍니다. 가시는 우리를 연약하게 만들지만, 연약해지는 순간 겸손으로 이끌어 줍니다. 겸손해지면 주님의 능력을 전적으로 의지하게 되고 주님의 능력으로 강해지게 됩니다. 연약할 때 주님의 능력을 의지하시길 바랍니다. 연약할 때 주님의 능력을 힘입어 강해지시길 바랍니다. 능력 있는 삶을 사시길 바랍니다.

<h1 style="text-align:center">광야 생활의 유익</h1>

(신명기 8장 1-10절)

광야생활의 훈련

요즘 마라톤을 하는 사람들이 참 많아졌습니다. 남산에 올라 산책하다 보면, 뛰는 사람들이 많이 보입니다. 우리 교회에도 마라톤회가 있습니다. 저희가 중고등학교 다닐 때에는 개교기념일이 되면 항상 단축 마라톤을 했습니다. 10킬로미터 단축 마라톤이었는데, 그날을 위해 몇 달 전부터 체육시간마다 늘 달리기 운동을 했습니다.

저희 체육 선생님이 좀 독특한 철학을 가지고 계신 분이라서 달리기 할 때는 항상 웃통은 벗고 반바지를 입고 뛰도록 했습니다. 요즘에는 어떤지 몰라도 그 당시 반바지를 입는다는 게 참으로 창피하게 느껴지던 때였습니다. 학교 안에서 뛰면 좋으련만 근처에 공원이 있어서 늘 공원까지 나가서 뛰었습니다.

한창 사춘기 때에 웃통을 벗을 채 반바지만 입고 나가 사람들이 다 쳐다보는데서 뛰는 게 얼마나 창피했겠습니까? 그런 수치를 무릅쓰면서 땀을 흘리고 숨이 차도록 힘들게 훈련을 하고 나서야 10킬로미터 단축 마라톤을 나갈 수가 있었습니다.

그렇게 훈련을 잘 한 사람들은 완주를 했고, 그렇지 않고 훈련을 게을리

한 사람들은 가다가 중간에 주저앉는 등 제대로 뛰지를 못했습니다. 그렇게 마라톤을 완주하니까 성취감과 자신감이 생겼습니다. 등수 안에 든 사람들은 물론 상을 받았지만, 참석한 전교생 모두 입이 다물어지지 않을 정도로 굉장히 큰 알사탕을 받았습니다. 그것 하나 입에 물고 집으로 돌아오던 기억이 납니다.

마라톤을 하기 위해서는 훈련이 필요합니다. 마찬가지로 인생을 살아가는 데에 있어서도 많은 훈련이 필요합니다. 여기에 광야생활이 하나의 훈련으로 나옵니다. 이 훈련을 이겨내면 하나님께서 복을 주십니다. 우리가 상상할 수 없는 엄청난 유익이 있는 것입니다.

약속의 땅, 가나안 땅을 목전에 두고 이스라엘 사람들은 광야로 다시 쫓겨났습니다. 가나안 땅에 들어가기 전에 각 지파의 대표 12명이 40일 동안 가나안 땅을 정탐하고 돌아와서 결과를 보고했습니다. 2명(여호수아, 갈렙)은 긍정적인 보고를 했습니다. "여호와께서 우리를 기뻐하시면, … 여호와가 우리와 함께 하시면(민 14:8-19)", 가나안의 거인들을 쫓아내고 가나안 땅을 정복할 수 있다고 보고했습니다. 그러나 다른 10명의 정탐꾼은 부정적으로 보고했습니다. 가나안의 거인과 견고한 성을 두려워한 것입니다. 그리고 하나님께서 함께 하실 것을 믿지 못했습니다. 대부분의 백성들은 10명의 정탐꾼이 한 부정적인 보고, 불신앙의 보고를 따라갔습니다. 부정적인 생각과 불신앙에 사로잡힌 것입니다. 하나님께서 도와주신다면 이 땅을 우리가 차지할 수 있으리라는 믿음을 버리고, 안 되는 일이라 하면서 낙망하고 좌절했습니다.

이와 같이 이스라엘 백성이 불신앙에 빠지자 하나님께서는 결국 그들을 광야로 다시 내쫓았습니다. 이스라엘 백성은 40일 정탐의 1일을 1년으로 환산해서 40년 동안 광야에서 유리방황하게 되었습니다. 20세 이상 된 사람들은 여호수아와 갈렙을 제외하고, 모두 광야에서 죽을 수밖에 없었습니다. 20세 이하인 사람만 40년의 기간을 채워서 가나안 땅에 들어갈 수 있다는 판결을 받은 것입니다.

젖과 꿀이 흐르는 가나안을 향하여 애굽에서 나와 광야를 지날 때는, 비록 고통의 시간이었지만 조금만 가면 그 땅에 들어갈 수 있다는 희망이 있었습니다. 그러나 이제 다시 광야로 내쫓겨서 40년을 유리방황해야 한다니 너무나 슬프고 고통스러웠습니다. 20세 이상 된 사람들은 이제 우리는 광야에서 죽고 가나안 땅에 들어갈 수 없다는 절망으로 암울한 시간을 보내야 했습니다. 죽음이 아니면 벗어날 수 없는 고난의 시간들이었습니다. 20세 이하의 다음 세대를 위해 우리가 광야에서 유리방황하다가 죽게 된다고 생각하니 그 고통은 이루 말할 수 없었습니다. 그들은 이 암울하고 지루하고 짜증나는 생활을 광야에서 보내야 했습니다. 그들의 인생이 얼마나 남았는지는 모르겠지만, 남아 있는 인생을 광야에서 유리방황하다가 죽을 수밖에 없다는 사실 자체가 절망이었습니다.

그런데 성경은 이렇게 고통스러운 광야생활을 일컬어서 '징계' 라고 말씀하고 있습니다. 징계는 벌을 받는다는 뜻이지만, 또 다른 한편으로는 교육을 시키고, 훈련을 시킨다는 의미가 들어 있습니다. 하나님의 도우심을 전혀 믿지 못하는 이스라엘 사람들의 불신앙을 신앙으로 이끌기 위해서 교육한 것이 바로 광야생활입니다. 하나님의 인도하심을 전혀 따라가지 않는 이스라엘 사람들의 불순종을 순종으로 이끌기 위한 훈련이 광야생활입니다. 즉, 광야는 이스라엘 사람들에게 신앙을 가르치는 학교요, 순종을 훈련시키는 훈련소였던 것입니다.

5절 말씀에는 부모가 자녀를 사람 되게 하려고, 잘되게 하려고 사랑하는 마음으로 징계하는 것같이, 하나님께서 이스라엘을 징계하고 훈련하시는 것이라고 말씀하고 있습니다. 부모가 자녀를 책망할 때 벌 받는 자녀는 순간 마음에 분노를 느낄 수가 있습니다. 부모님이 나를 왜 이렇게 고통을 주는가 하는 서운한 마음이 생깁니다. 철이 없기 때문에 그렇습니다. 그렇다고 책망하고 벌을 주는 부모들 중에는 기쁨으로 벌을 주는 사람은 아무도 없습니다. 부모는 벌 받는 자녀가 안타깝기만 합니다. 벌을 주지 않으면 자녀를 바로 세울 수가 없기 때문에 바르게 키우기 위해서, 사람 되게 하기 위해서, 아픈 마음을 누르고 책망하고 벌 주는 것입니다. 만약 벌 주지 않고 책망도 하지 않고 해 달라는 대로 다 해 주면 인간이 되지 못합니다. 벌을 준다고 해서 부모의 마음이 편하냐, 부모도 같이 아파합니다.

우리 하나님도 이와 같으십니다. 하나님께서도 아픔을 느끼셨지만 이스라엘 사람들을 신앙의 사람들로, 순종의 사람들로 만들기 위해서 그들을 광야로 내쫓았습니다. 하나님께서 이스라엘 사람들을 광야로 내모실 때의 심정은 시원하고 상쾌할 리가 없었습니다. 하나님께서도 아픈 마음, 애처로운 마음을 누르고 자기 백성을 징계하고 훈련시키기 위해, 그들을 사랑하기 때문에 광야로 내몰아서 훈련시키셨던 것입니다.

우리 믿는 자녀들도 마찬가지입니다. 때로 우리가 광야의 생활을 겪게 될 때, 우리가 겪는 고통을 하나님께서도 겪고 계시다는 사실을 기억하시기 바랍니다. 그것은 사랑하는 마음으로 자녀인 우리를 훈련시키는 데에 목적이 있습니다.

겸손

그러면 하나님께서 왜 이런 훈련을 시키셨겠습니까? 본문 말씀에서 여러 번 거듭해서 하시는 말씀이 있는데, 첫 번째는 낮추시기 위해서 이런 훈련을 시키신다고 말씀합니다. 겸손하게 만들기 위해서 하나님께서 훈련을 시키신 것입니다.

이스라엘 사람들은 모든 사람들이 그렇듯이 교만했습니다. 애굽의 노예로 있던 사람들, 광야의 나그네가 무슨 교만할 일이 있겠습니까? 그러나 높은 사람이나, 낮은 사람이나, 큰 사람이나, 작은 사람이나 사람들 마음 가운데에는 교만이 있습니다. 무엇이 교만입니까? 교만은 다른 것이 아니라, 인간의 연약함과 무능함을 인정하지 않는 것을 말합니다. 하나님은 전능하시며 인간은 연약하고 무능하기 짝이 없다는 사실을 인정하지 않는 것입니다. 그 반대로 겸손은 곧 하나님은 전능하신 분이시고, 인간은 연약한 존재에 불과하다는 것을 인정하는 것입니다. 하나님을 하나님으로 인정하고, 인간이 그저 흙덩이에 불과하다는 사실을 인정하는 것이 겸손입니다. 반대로 인간인 주제에 하나님을 만홀히 여기는 것이 교만입니다.

이스라엘 사람들은 가진 것도 없고 힘도 없으면서 매사에 자기 힘과 능력으로 모든 일을 하려고 했습니다. 일이 하나라도 잘 되면 자기 힘으로 다 한 것처럼 기고만장했습니다. 일이 제대로 안 되면 하나님이 하나도 도와주지 않으신다고 좌절하고, 불평하고, 원망했습니다. 그들은 자신의 연약함을 인정하고 하나님의 능력에 의지하지 않았습니다. 이렇게 교만한 사람들이 그대로 가나안에 들어가서 풍요한 삶을 살게 된다면, 그들은 분명히 하나님의 은혜를 잊어버리고, 자기 능력으로 풍요롭게 잘 살게 되었다고 스스로 높아질 것이 틀림없습니다.

그래서 하나님께서는 가나안 땅에 그들이 들어가기 전에 그들을 낮추어서 겸손하게 만드는 훈련을 시키셨습니다. 광야에서는 그들의 능력으로 할 수 있는 것이 아무것도 없습니다. 그들의 능력으로 한 모금의 물도, 한 끼의 밥도 만들 수 없었습니다. 그들이 광야에서 살기 위해서는 온전히 하나님의 은혜만 바라보아야 했습니다. 하나님께서 물을 주셔야 살고, 만나를 주셔야 살수 있었습니다. 광야는 매일매일 하나님만 의지하고, 하나님의 은혜만 바라보아야 살 수 있는 곳입니다. 그래서 그들은 광야의 삶을 통해 하나님 앞에서 자기를 낮추고 겸손하게 되었습니다. 이스라엘 백성은 인간은 약하고 무능할 수밖에 없다는 사실을 뼈저리게 경험했습니다. 하나님은 전능하신 분이시고, 하나님께 의지해야만 생존할 수 있다는 사실을 철저하게 경험했습니다. 이스라엘 백성은 이렇게 혹독한 광야생활을 통해서 낮아지고 낮아지고, 겸손해지고 겸손해지는 훈련을 받았던 것입니다.

순종

또한 하나님께서는 광야에서 이스라엘 사람들에게 순종을 훈련시켰습니다. 이스라엘 민족은 목이 곧은 백성이었습니다. 그들뿐만 아니라 사실 사람들에게는 누구에게나 다 불순종의 기질이 있습니다. 아담이 타락한 이후로 불순종이 우리 속에 자리를 잡았습니다. 하나님의 백성이라 할지라도 불순종은 피할 수 없는 인간의 죄였습니다. 이스라엘 백성은 자기 지혜와 자기 계획을 가지고 광야에서 살아갈 수 있으리라 생각하고 하나님의 명령과 인도하심을 따르지 않았습니다. 그러나 광야에서 그들은 매순간마다 하나님께 불순종하면 결국 파멸하고 죽을 수밖에 없다는 사실을 뼈저리게 경험했습니다.

이스라엘 백성은 하나님께서 가나안에 들어가지 못한다고 했는데도 불순종했습니다. 가나안 땅에 들어가라고 해도 불순종하고, 들어가지 말라고 해도 불순종했습니다. 그리고는 자기들 힘으로 가나안에 들어가겠다고 군대를 조직해서 들어갔습니다. 결국 가나안의 장대한 거인들에게 패망하고 말았습니다(민 14:43-45). 하나님께 불순종하면 그 대가를 철저하게 치를 수밖에 없다는 것을 그들은 경험했습니다. 하나님께 순종하지 않으면, 광야에서 하루도 살 수 없고 한 발자국도 앞으로 나갈 수 없다는 것을 그들은 배워야만 했습니다. 하나님 말씀에만 철저히 귀를 기울이고, 그 말씀에만 순종해야 살 수 있다는 것을 철저히 배우고 익힌 것입니다.

광야의 생활이 거듭되면서 그들은 순종이 그들의 삶의 태도가 되었고 습관이 되어 그들의 삶에 깊이 자리 잡게 되었습니다. 그런 후 그들은 자기들의 생각과 계획은 완전히 내 버리고 매일매일 한 걸음씩 철저히 하나님의 말씀과 인도하심에 귀 기울여 순종했습니다.

축복

40년 동안 겸손과 순종의 훈련을 마치고 난 후 하나님께서 그들에게 복을 주셨습니다. 첫 번째로 광야의 훈련을 통해서 겸손과 순종을 익히게 되었을 때에 그들은 영적인 축복을 얻었습니다. 훈련을 받는 동안에 이미 신앙이 성장하고 성숙하게 되었다는 것입니다. 교만하고 불순종하던 그 사람들이 이제는 겸손하고 순종하는 사람들로, 성숙한 신앙을 가진 사람들로 성장하는 복을 받았습니다. 그 무엇보다 가장 소중한 복을 받은 것입니다.

고난과 희생의 훈련을 통해서만 우리는 성숙할 수 있습니다. 광야의 훈련은 참으로 괴롭고 힘든 것이지만, 이 훈련을 통해서 신앙이 성장하고 영적으로 성숙하게 되는 복을 얻을 수 있습니다. 고난과 희생은 힘들고 어렵지만 그것을 통해서 나도 알지 못하는 사이에 신앙이 성숙하게 된다는 사실을 기쁨으로 받아들이시길 바랍니다. 그것이 우리에게 주어지는 가장 귀중한 영적 축복입니다.

또 하나님께서 주시는 복은, 광야의 훈련을 통과해서 겸손과 순종의 수준이 높아지면, 그때서야 가나안에서 복을 누릴 자격이 주어진다는 것입니다. 하나님께서 광야에서 훈련시키는 목적은 고통을 주려는 것이 아니라 복을 주시려는 것이라고 성경은 말씀합니다. 8장 16절 말씀을 보십시오.

네 조상도 알지 못하던 만나를 광야에서 네게 먹이셨나니 이는 다 너를 낮추시며 너를 시험하사 마침내 네게 복을 주려 하심이었느니라

하나님께서 고통으로 훈련시키신 것은 고통을 주려고, 괴롭히려고 훈련을 시키신 것이 아니라 "마침내 복을 주려"고 훈련을 시켰다는 말씀입니다.

스포츠 선수들은 어떻습니까? 훈련이 부족한 운동선수는 경기에 출전할 자격이 주어지지 않습니다. 언젠가 안정환 선수가 군대에 가 있었을 때 국가대표팀의 중요한 경기가 있어 출전시켜야겠다고 그 선수를 차출해 간 적이 있었습니다. 그러나 정작 경기에는 그 선수를 출전시키지 않았습니다. 감독도 그렇고, 선수 자신도 그 동안 훈련이 부족했기 때문에 경기에 출전할 수 없었다고 합니다. 아무리 훌륭한 선수라 할지라도 훈련이 부족하면 경기에 나갈 수는 없습니다. 운전이 미숙한 사람에게 차를 맡기지 않는 것처럼 무슨 일이든지 훈련으로 일정한 수준에 도달해야 그에 합당한 자격이 주어지는 것입니다.

이스라엘 사람들은 광야에서 훈련을 통해 겸손과 순종의 수준이 충분히 높아지면, 비로소 가나안에 들어갈 자격이 주어집니다. 조상 아브라함에게 주어졌던 복 받을 자격이 주어지는 것입니다.

「만남지」 2003년 9월호에 제가 짤막하게 간증을 썼습니다만, 우리가 인생을 살아가면서 광야생활이 얼마나 많은지 다시 한 번 돌아보게 됩니다. 제

삶속에서 가장 기억에 남는 광야생활을 들라면 그것은 아마 미국 유학생활일 것입니다. 무엇보다 가족과 떨어져 있는 점이 가장 힘이 들었습니다. 가족들은 한국에 있는데, 가장으로서, 남편으로서, 아버지로서 가족들에게 내가 해야 할 일을 감당하지 못한다는 생각에 말할 수 없는 죄책감이 들었습니다. 내가 이렇게까지 공부를 해야 할 필요가 있나 하는 생각마저 들었습니다.

또 한 가지 어려운 점은 외로움이었습니다. 가족들이 전화라도 하면, 그리고 가족들로부터 편지라도 한 통 받으면 내 속에서 외로움이 더 솟아났습니다. 텅 빈 기숙사에서 홀로 있을 때 찾아드는 외로움은 표현할 수 없을 정도로 컸습니다. 참 견디기 힘든 그런 광야생활을 보냈지만, 그것이 저나 제 가족들에게는 훌륭한 훈련의 기간이었습니다. 그 기간이 다 끝났을 때에, 저와 제 가족들은 그 사이에 신앙이 말할 수 없이 성숙했음을 느꼈습니다. 그야말로 엄청난 유익과 엄청난 축복을 얻은 셈입니다.

인생을 살아가면서 우리의 광야생활은 참으로 힘들고 괴로운 일이지만, 그 유익은 말로 다 할 수 없습니다. 광야생활이라는 것은 괴롭히기 위해서 있는 것이 아니라 우리를 훈련시킬 목적으로 있는 것입니다. 그 훈련의 목적은 겸손과 순종입니다. 이 훈련을 잘 이겨낼 때에 하나님께서 마침내 복을 주십니다.

우리에게 왜 광야생활이 있겠습니까? 하나님께서 우리에게 복을 주시기 위해서입니다. 왜 우리에게 고난이 있습니까? 우리에게 복을 주시기 위해서입니다. 왜 우리에게 힘든 훈련과 연단이 있습니까? 그 훈련의 목적은 우리에게 복을 주시기 위해서입니다.

<h1 align="center">거룩한 목마름</h1>
(요한복음 4장 13-15절)

인간적 목마름

예수님께서 사마리아 지방을 여행하시다가 수가라는 동네에 들어가셨습니다. 여러 시간 동안 걸으셨으므로 피곤하고 목이 말라 우물가에 앉으셨습니다. 뜨거운 한낮입니다. 보통 이스라엘 사람들이 낮에는 물을 길러 다니지 않는데 한 여성이 한낮에 물을 길러 우물가에 나왔습니다. 그 여인은 여러 가지 세상적인 목마름으로 가득 찬 여성이었습니다. 예수님께서 목마름을 해갈하기 위해서 여인에게 물을 달라고 청했습니다.

인간의 생존에 있어서 가장 중요한 것은 공기와 물과 음식이라고 말을 합니다. 이 세 가지는 우리 인간들이 살아가는 데 있어 필수 조건입니다. 인체에 잠시라도 공기가 없다면 사람은 살 수가 없습니다. 그리고 음식 한두 끼 걸러도 힘든 대로 활동할 수 있겠지만, 물이 없으면 그 고통은 견딜 수가 없습니다. 특히 팔레스타인 지방은 건조하고 비가 많이 오지 않기 때문에 물이 더더욱 귀한 곳입니다.

예수님께서 물 길러 온 그 여인에게 물을 달라고 청했더니 뜻밖에 반격이 왔습니다(12). 한적한 곳에서 한 남자가 여자에게 말을 걸고 물을 달라는 것과 유대인 남자가 사마리아 여자에게 말을 건네는 것을 문제 삼았습니다. 옛날에 유대인들과 사마리아인들은 서로 적대시하고 상종을 하지 않았습니다. 그래서 예수님께서 물을 달라고 했을 때에 잠시나마 긴장감이 돌았고, 갈등과 적대적인 감정으로 반격이 있었습니다.

그리고 예수님께서 예수님 자신이 생수를 주실 분이라고 말씀을 했을 때는 이 우물이 야곱의 우물인데, 야곱보다 더 큰 사람이 누가 있겠느냐, 우리 지역이 더 우월하다는 반격을 받았습니다. 예배에 관하여 얘기할 때에도 사마리아의 그리심 산이야말로 예배드리기에 적합한 장소라는 주장을 합니다. 긴장이 거듭되고 적대적인 반격이 계속됩니다. 그 여인은 인종적인 문제로, 지역적인 문제로 열등감에 대한 목마름이 있었습니다. 그런 갈증으로 인해 긴장과 갈등이 일어난 것입니다.

또 사마리아 여인은 남들이 알 수 없는 숨겨진 갈등이 있었습니다. 남편이 자꾸 바뀌는 문제였습니다. 그 여인이 가진 갈증은 성적인 목마름과 인간관계에서 오는 목마름이란 것을 짐작할 수 있습니다. 사마리아 여인은 이 세상에 믿을 남자가 없다는 생각을 가지고 있음이 분명합니다. 이 사람 저 사람 같이 살아보았지만, 정말 의지하고 믿을 만한 남자는 없다는 신념을 가진 듯했습니다. 살아가면서 만났다가 또 헤어지는 관계의 반복으로 찾아오는 상처와 그 외로움은 걷잡을 수 없었습니다.

남편이 자꾸 바뀌니까 동네에서는 도덕적으로 문란한 여자로 낙인이 찍혀 여인은 평판이 아주 나빴습니다. 남편도 없었지만 여자 친구도 없었습니다. 다른 사람들은 다 해질녘 서늘할 때에 물 길러 다니는데, 이 여인만 대낮에 물 길러 나왔습니다. 다른 여자들을 만나면 그 입방아에 오를까봐 그 눈총과 눈 흘김을 피해서 뜨거운 대낮에 홀로 물을 길러 온 것입니다. 쉽게 말해 동네에서 완전히 왕따였습니다. 그녀는 외로웠습니다. 따뜻한 인간관계에 대한 목마름을 가지고 있었습니다.

사마리아 여자의 인생은 험하고 어려웠습니다. 늘 외로웠고 심중 깊숙한 곳은 결코 채워지지 않는 공허함이 있었습니다. 대낮에 혼자서 물을 길러 다니는 것도 참으로 힘든 일이었습니다. 인종적인 지역적인 갈등 속에서 적대감정의 목마름이 그녀에게 있었습니다. 가정이 원만하지 못해서 동네에서 완전히 따돌림 받는 그런 상처 많은 외로운 여자였습니다.

오늘날 우리 현대인에게 있어 가장 큰 목마름이라고 한다면 그것은 물질에 대한 목마름일 것입니다. 더 많은 수입, 더 좋은 옷, 더 맛있는 음식, 더 큰 차, 더 넓은 집, 이렇게 더 좋은 것들을 얻고자 하는 물질에 대한 목마름이 있습니다. 가정이나 직장에서, 친구들을 만날 때에도 사람은 그 테두리 안에서 인간관계의 목마름을 느끼며 살아갑니다. 오늘날 현대인들의 인생은 결코 채워지지 않는 목마름에 끌려 다니는 처절한 삶의 연속입니다.

거룩한 목마름

사마리아 여인은 세상적인 목마름으로 가득 차 있었습니다. 세상적인 목마름으로 그 밑바닥에 숨겨져 있는 거룩한 목마름이 드러날 수가 없었습니다. 물론 그 여인은 메시야에 대한 지식도 있었습니다. 선지자들에 대한 지식과 사마리아 사람들이 잘 아는 모세오경에 대한 지식도 있었고, 하나님 앞에 어떻게 예배드리고 어디에서 예배드리는지에 대한 지식도 있었습니다. 종교적 지식을 가지고 있기는 했지만, 그녀의 고달픈 생활과는 아무런 관계가 없었습니다.

오늘날 예수 그리스도를 믿지 않는 사람들은 거룩한 목마름은 생각도 못합니다. 스스로가 죄인이라는 건 생각 못할 뿐더러 예수님을 만나야 될 필요성을 느끼지 못합니다. 그러나 교회를 다니는 사람들 중에서도 성경 지식이

해박하고 교회 문화와 교회 생활에 익숙하지만, 구원을 받아야 할 필요성을 느끼지 못하는 사람들도 있습니다. 아무리 교회 생활을 오래 했다 할지라도 영적인 목마름, 거룩한 목마름을 가지지 못하는 경우가 있습니다.

예수님께서는 세상적인 목마름으로만 가득 차 있는 그 여인에게 거룩한 목마름을 가질 수 있도록 하나하나 이끌어 내셨습니다. 세상적인 목마름 그 밑에 깊숙이 숨겨져 있는 거룩한 목마름을 끄집어 내셨습니다. 내가 네게 하나님의 선물인 생수를 주겠다고 말씀하셨습니다. 예수님께서 주시는 생수는 영원히 목마르지 않는 생명수입니다.

생수의 의미에 대해서는 정확히는 모르지만 사마리아 여인의 마음 가운데 막연하게나마 나도 그것을 가졌으면 하는 갈증이 일어났습니다. 여인이 예수님께 생수를 달라고 청했을 때, 예수님께서는 여인의 속에 있는 문제를 끄집어 내셨습니다. 결코 드러내고 싶지 않은, 깊이 감추어 둔 문제를 예수님께서 끄집어 내셨습니다. 그녀의 부도덕한 문제를 끄집어내시고, 수치스러운 문제를 다 끄집어 내셨습니다. 낯선 유대인 남자 앞에서 숨겨 두고 싶었던 삶의 문제들이 다 폭로되었습니다. 상처로 얼룩진 자기 인생이 다 그분 앞에서 드러나고 만 것입니다. 우물가에서 예수님을 만났을 때, 예수님 앞에서 자기 인생의 적나라한 모습이 다 드러나는 위기를 맞은 것입니다. 겉으로는 그럴 듯한 표정으로, 그럴 듯한 태도로 숨기고 있었지만, 예수님께서 하나하나 드러내실 때 자기 자신이 비참한 죄인이라는 것을 깨닫게 되었습니다. 그 전까지는 자기가 죄인이라는 것도 구원받을 필요성도 깨닫지 못했습니다. 거룩에 대한 목마름이 없었습니다. 그러나 예수님 앞에서 비참한 자기의 모습이 그대로 드러났을 때에 깊숙이 숨겨져 있던 거룩한 목마름이 나타난 것입니다.

사람들은 보통 어떤 결정적인 위기나 역경에 처할 때 거룩한 목마름을 느낍니다. 평상시에는 분주하게 살아가지만 자기 자신의 존재에 대해 정확하게 잘 알지 못한 채 살아갑니다. 그러다가 위기를 만나면 내 자신이 얼마나 비참하고, 얼마나 무능한 존재인가를 깨닫게 됩니다. 자신의 본모습을 인식하게 될 때, 문제는 예수님께서 해결할 수밖에 없다는 사실을 깨닫게 됩니다. 즉 오직 예수 그리스도의 귀하신 보혈을 통해서만 내가 구원받을 수 있다는 사실을 인정하게 되는 것입니다.

많은 경우에 사람들이 병원에 있을 때에 그것을 깨닫습니다. 어떤 사람들은 감옥에 있을 때 그것을 깨닫습니다. 경제적인 어려움에 처했을 때, 실패하고 낙심될 때, 낭패와 실망을 당할 때, 그럴 때에 비로소 예수님을 찾게 되고 거룩한 목마름을 가지게 됩니다. 시편 42편 1절에는 "하나님이여, 사슴이 시냇물을 찾기에 갈급함 같이 내 영혼이 주를 찾기에 갈급하니이다."라고 이렇게 말씀하셨습니다. 여인은 세상적인 목마름, 인간적인 목마름만 가지고 있다가 이제 거룩한 목마름을 느끼게 된 것입니다.

생수로 해갈

거룩한 목마름에 사마리아 여인은 자기 앞에 서 있는 분이 바로 자기를 구원할 그리스도라는 사실을 발견합니다. 예수님을 만나게 된 것입니다. 당신에게 예수님은 어떤 분이십니까? 예수님은 우리의 목마름을 해갈해 주시는 분이십니다. 요한복음 4장 14절에 말씀합니다.

> 내가 주는 물을 마시는 자는 영원히 목마르지 아니하리니 내가 주는 물은 그 속에서 영생하도록 솟아나는 샘물이 되리라

요한복음 6장 35절은 이렇게 말씀하십니다.

요한복음 7장 37절부터 보면, "누구든지 목마르거든 내게로 와서 마시라. 나를 믿는 자는 성경에 이름과 같이 그 배에서 생수의 강이 흘러나오리라 하시니, 이는 그를 믿는 자들이 받을 성령"이라고 말씀하십니다.

내가 비참한 죄인이라는 것을 인지하고, 오직 예수님을 통해 구원받았다는 사실을 알 때, 즉 거룩한 목마름을 가지게 되었을 때 우리는 비로소 예수를 그리스도로 만나게 됩니다. 예수 그리스도를 만나야 거룩한 목마름의 문제가 해결됩니다. 영혼의 갈증이 해소되는 것입니다. 성령을 받아서 새로운 사람으로 거듭나 새로운 삶을 살아가는 것입니다. 한번으로만 끝나는 것이 아니라 영생에 이르기까지 계속해서 늘 새로운 은혜, 신선한 은혜로 새로운 삶을 살아가는 것입니다.

당신은 이 순간에 무엇에 갈증을 느끼고 있습니까? 세상적인 일에, 육신적인 일에 목말라 하고 있습니까? 거룩한 목마름을 가지시기 바랍니다. 내 자신이 비참할 정도로 수치스럽기 짝이 없는 죄인이란 사실을 인정하시기 바랍니다. 이 문제를 해결할 수 있는 길은 오직 예수 그리스도의 십자가밖에 없다는 사실을 기억하시고, 그분을 찾으시기 바랍니다. 예수 그리스도를 만나 성령에 의하여 새로운 사람으로 거듭나서, 영생에 이르기까지 생명력과 새로운 은혜가 넘치는 인생이 되시길 기도합니다.